ACCESO GRATIS a la Lectura en la Nube

Para visualizar el libro electrónico en la nube de lectura envíe junto a su nombre y apellidos una fotografía del código de barras situado en la contraportada del libro y otra del ticket de compra a la dirección:

ebooktirant@tirant.com

En un máximo de 72 horas laborables le enviaremos el código de acceso con sus instrucciones.

AF276017

La visualización del libro en **NUBE DE LECTURA** excluye los usos bibliotecarios y públicos que puedan poner el archivo electrónico a disposición de una comunidad de lectores. Se permite tan solo un uso individual y privado.

INNOVAR PARA INCLUIR
LA EDUCACIÓN SUPERIOR
COMO MOTOR DE SOCIEDADES
RESILIENTES

María Orcasitas-Vicandi
Gorka Roman Etxebarrieta
Natalia Louleli
Coordinadores

INNOVAR PARA INCLUIR
LA EDUCACIÓN SUPERIOR COMO MOTOR DE SOCIEDADES RESILIENTES

tirant humanidades
Valencia, 2025

© TIRANT HUMANIDADES
EDITA: TIRANT HUMANIDADES
C/ Artes Gráficas, 14 - 46010 - Valencia
TELFS.: 96/361 00 48 - 50
FAX: 96/369 41 51
Email:tlb@tirant.com
www.tirant.com
Librería virtual: www.tirant.es
ISBN: 978-84-1081-562-9
MAQUETA: Tirant lo Blanch
Deposito legal: V-3828-2025

Si tiene alguna queja o sugerencia, envíenos un mail a: atencioncliente@tirant. com. En caso de no ser atendida su sugerencia, por favor, lea en *www.tirant. net/index.php/empresa/politicas-de-empresa* nuestro procedimiento de quejas.

Responsabilidad Social Corporativa: *http://www.tirant.net/Docs/RSCTirant.pdf*

Índice

Introducción 13

¿Cómo se puede conseguir la innovación y la inclusión
en la educación superior? 13
NATALIA LOULELI

Resumen 17

Capítulo 1
El apoyo entre iguales en salud mental: evaluación de una
experiencia en el ámbito universitario 23
REBECA ZABALETA GONZÁLEZ

Capítulo 2
Destrezas Digitales en el Grado de Educación Social y
su Relación con la motivación, la autoeficacia creativa y la
satisfacción vital 37
VANESA LANCHA-VILLAMAYOR
ESTIBALIZ CEPA-RODRÍGUEZ

Capítulo 3
Construir ciudadanía inclusiva desde el aula: La Economía
Social y Solidaria como palanca de cambio 49
ITSASO FERNÁNDEZ DE LA CUADRA-LIESA
ASIER ARCOS-ALONSO
MIKEL BARBA DEL HORNO
TANIA MARTÍNEZ PORTUGAL
ANDER ARCOS ALONSO

Capítulo 4
¿Qué sorpresa tienes preparada para hoy? El aprendizaje
lúdico en el aula universitaria 65
ELENA TUPAREVSKA
LIRIO FLORES-MONCADA

Capítulo 5
Innovación e inclusión a través de la música en la formación
de docentes de Educación Primaria 77
MARÍA TERESA MARTÍN CALÉ
ANTONIA DE LA TORRE RÍSQUEZ

Capítulo 6
Aprendizaje-Servicio: Economía para todas las personas 87
MARTA CAMAÑO AMADO
ISABEL DANS ÁLVAREZ DE SOTOMAYOR

Capítulo 7
Aprendizaje-Servicio (ApS) universitario para la inclusión socio-digital y sus resultados (in)esperados 99
MAR BENEYTO-SEOANE
CARLES BOSCH

Capítulo 8.
Estudios Fenomenológicos Sobre Prácticas Pedagógicas y Formación Docente: Revisión de la literatura especializada 113
MARÍA DE LOS LIRIOS BERNABÉ LILLO
ISRAEL ALONSO SÁEZ
NAHIA IDOIAGA MONDRAGÓN

Capítulo 9
La Educación ambiental en las aulas actuales: Voces del Profesorado en la Comunidad del País Vasco (CAPV) 127
ELVIRA GUTIÉRREZ JIMÉNEZ
NAHIA IDOIAGA MONDRAGÓN
IDOIA LEGORBURU FERNÁNDEZ

Capítulo 10
Abordar las desigualdades educativas en la Europa rural: un aula virtual para la inclusión social 139
ALBA GARCÍA-CID
AITANA FERNÁNDEZ-VILLARDÓN
ROCÍO GARCÍA-CARRIÓN

Autores

María Orcasitas-Vicandi, Gorka Roman Etxebarrieta y Natalia Lou-leli (coords.), Rebeca Zabaleta González, Vanesa Lancha-Villamayor, Estíbaliz Cepa-Rodríguez, Itsaso Fernández de la Cuadra-Liesa, Asier Arcos-Alonso, Mikel Barba del Horno, Tania Martínez Portugal, Ander Arcos Alonso, Elena Tuparevska, Lirio Flores-Moncada, María Teresa Martín Calé, Antonia De La Torre Rísquez, Marta Camaño Amado, Isabel Dans Álvarez de Sotomayor, Mar Beneyto Seoane, Carles Bosch, María de los Lirios Bernabé Lillo, Israel Alonso Sáez, Nahia Idoiaga Mondragón, Elvira Gutiérrez Jiménez, Idoia Legorburu Fernández, Alba García-Cid, Aitana Fernández-Villardón, Rocío García-Carrión.

Comité científico

Javier Garcia Iñañez.
Universidad del País Vasco/Euskal Herriko Unibertsitatea

Lirio Gissela Flores-Moncada.
Universidad de Deusto

Maitane Serrano Murgia.
Universidad del País Vasco/Euskal Herriko Unibertsitatea

Amaia Mimenza Saiz.
Universidad del País Vasco/Euskal Herriko Unibertsitatea

Asún Cantera López.
Universidad del País Vasco/Euskal Herriko Unibertsitatea

Leyre Gravina Alfonso.
Universidad del País Vasco/Euskal Herriko Unibertsitatea

Inmaculada Concepción Orozco Almario.
Universidad del País Vasco/Euskal Herriko Unibertsitatea

Naiara Herrera Ruiz de Eguino.
Universidad del País Vasco/Euskal Herriko Unibertsitatea

Jesús Rodríguez Martin.
Universidad del País Vasco/Euskal Herriko Unibertsitatea

David Pastor Andres.
Universidad del País Vasco/Euskal Herriko Unibertsitatea

Ekain Payan Ellacuria.
Universidad del País Vasco/Euskal Herriko Unibertsitatea

Nagore Guerra Bilbao.
Universidad del País Vasco/Euskal Herriko Unibertsitatea

Doris Hernández Barros.
University of Jyvaskyla (JYU)

Introducción

¿Cómo se puede conseguir la innovación y la inclusión en la educación superior?

Natalia Louleli
Universidad del País Vasco (UPV/EHU),
Universidad Internacional de la Rioja (UNIR)

La Innovación en la educación superior se ha convertido en un factor clave para responder a los desafíos del siglo XXI. Incorporar tecnologías digitales, metodologías activas de aprendizaje y modelos flexibles permite transformar la experiencia educativa, haciéndola más dinámica, personalizada y relevante. Estas prácticas no solo mejoran la calidad del aprendizaje, sino que también preparan a los estudiantes para un entorno laboral en constante cambio, promoviendo habilidades como el pensamiento crítico, la creatividad y la resolución de problemas.

Por otro lado, la Inclusión en la educación superior busca garantizar que todos los estudiantes, independientemente de su origen social, económico, cultural o físico, tengan igualdad de oportunidades para acceder, permanecer y tener éxito en sus estudios. Esto implica eliminar barreras, ofrecer apoyos adecuados y construir entornos educativos accesibles, diversos y respetuosos. Cuando innovación e inclusión se integran, se crea un sistema educativo más justo y efectivo, que reconoce y valora la diversidad como una fortaleza para el desarrollo individual y colectivo.

Conseguir la Innovación y la Inclusión en la educación superior implica transformar el modelo educativo tradicional hacia uno más flexible, equitativo y centrado en el estudiante. Esto comienza con el desarrollo de políticas institucionales que garanticen el acceso y permanencia de estudiantes de diversos contextos sociales, culturales y económicos. Según la UNESCO (2022), la educación superior debe asumir un papel activo en la reducción de desigualdades y en la promoción del desarrollo sostenible, lo que exige una reorganización profunda de las estructuras académicas y administrativas.

La formación docente es otro elemento esencial. El profesorado debe estar preparado para implementar metodologías innovadoras e inclusivas, como el aprendizaje basado en proyectos, la enseñanza colaborativa y el uso de tecnologías educativas adaptadas a diferentes estilos de aprendizaje. De acuerdo con Salinas (2017), la innovación pedagógica solo es posible cuando los docentes cuentan con formación continua y condiciones institucionales que favorezcan la experimentación y la mejora constante de sus prácticas.

Además, es imprescindible garantizar el acceso a una infraestructura tecnológica y física adecuada. Esto incluye no solo recursos digitales accesibles y plataformas educativas inclusivas, sino también entornos físicos que respondan a las necesidades de estudiantes con discapacidad u otras condiciones particulares. Hernández y Sancho (2015) destacan que la innovación no puede desvincularse de la inclusión, ya que las herramientas tecnológicas mal aplicadas pueden reproducir o incluso ampliar las desigualdades existentes si no se planifican con un enfoque inclusivo.

Asimismo, la participación activa del alumnado en los procesos de toma de decisiones y el fortalecimiento del vínculo universidad-sociedad son fundamentales para lograr una educación superior transformadora. Incluir la perspectiva de los propios estudiantes y de los sectores sociales excluidos permite construir programas más pertinentes y sostenibles. Como señala De Sousa Santos (2010), una universidad verdaderamente inclusiva debe reconocer y dialogar con los saberes diversos de la sociedad, no solo los académicamente legitimados, promoviendo así una educación más democrática y emancipadora.

Finalmente, la vinculación con el entorno social y productivo fortalece la pertinencia de la educación superior. Establecer alianzas con comunidades, organizaciones civiles y sectores productivos permite desarrollar programas de formación más contextualizados, inclusivos e innovadores. Estos vínculos ayudan a garantizar que la innovación responda a necesidades reales, y que la inclusión no se limite al acceso, sino que se traduzca en oportunidades de desarrollo y empleo justo para todos los egresados. En resumen, solo mediante un enfoque integral que combine políticas públicas, transformación pedagógica, compromiso docente y participación activa, se podrá construir una educación superior verdaderamente innovadora e inclusiva.

REFERENCIAS BIBLIOGRÁFICAS

De Sousa Santos, B. (2010). La universidad en el siglo XXI: Para una reforma democrática y emancipadora de la universidad. Ediciones Morata.

Hernández, F. & Sancho, J. M. (2015). La educación inclusiva y el uso de las tecnologías digitales. Revista de Educación, 368, 25-45.

Salinas, J. (2017). Innovación docente y uso de las TIC en la enseñanza universitaria. Revista Electrónica de Tecnología Educativa, (60).

UNESCO. (2022). Reimaginando nuestros futuros juntos: Un nuevo contrato social para la educación. París: Organización de las Naciones Unidas para la Educación, la Ciencia y la Cultura.

Resumen

El libro Innovar para Incluir: La Educación Superior como Motor de Sociedades Resilientes está dirigido a académicos, estudiantes, gestores educativos y tomadores de decisiones que buscan repensar la educación superior como un espacio democrático, plural y dinámico. La inclusión y la innovación no solo se entienden aquí como metas aisladas, sino como componentes interdependientes de una estrategia global que apuesta por una educación de calidad para todos, capaz de contribuir a la construcción de sociedades más justas y resilientes. Con esta perspectiva, invitamos a las y los lectores a recorrer un camino de reflexión y acción que posibilite imaginar el futuro de la educación superior.

En el primer capítulo del libro titulado "El apoyo entre iguales en salud mental: evaluación de una experiencia en el ámbito universitario" se presenta un estudio piloto para desarrollar el apoyo entre pares en el contexto universitario, destacando que la capacitación previa de personas con experiencia vivida en salud mental es esencial para el buen funcionamiento de esta práctica. La autora, Rebeca Zabaleta González, realizó una investigación evaluativa con metodología mixta (diseño pre-experimental con pre-test y post-test en un solo grupo), instrumentos estandarizados y un grupo de discusión. Aunque sus resultados cuantitativos no mostraron diferencias estadísticamente significativas, los datos cualitativos reflejaron una alta satisfacción de los participantes, quienes valoraron los beneficios personales y el aporte del apoyo entre pares. La autora ha concluido que la formación previa permitió a los participantes descubrir habilidades y reconstruir sus proyectos de vida, y se espera iniciar el desarrollo de los Grupos de Apoyo Mutuo (GAM) en la universidad en el próximo año académico.

El segundo capítulo titulado "Destrezas Digitales en el Grado de Educación Social y su Relación con la motivación, la autoeficacia creativa y la satisfacción vital" escrito por Vanesa Lancha-Villamayor y Estibaliz Cepa-Rodríguez es un estudio cuantitativo que analiza la percepción que tienen los estudiantes del grado en Educación Social sobre su propia Competencia Digital, comparando sus resultados según el curso académico y explorando su relación con variables psicoemocionales como la motivación, la autoeficacia creativa y la satisfacción vital. En sus resultados, las autoras observaron que los estudiantes de segundo curso obtuvieron las puntuaciones más bajas en todas las áreas, mientras que los de tercero destacaron más. Además, todas las dimensiones de la competencia digital se relacionaron positivamente con las variables psicoemocionales estudiadas. Estos hallazgos aportan orientaciones para mejorar y adaptar los planes formativos y recursos según las necesidades específicas de cada curso y las características emocionales de los estudiantes.

En el capítulo "Construir ciudadanía inclusiva desde el aula: La Economía Social y Solidaria como palanca de cambio", las y los autores Itsaso Fernández de la Cuadra-Liesa, Asier Arcos-Alonso, Mikel Barba del Horno, Tania Martínez Portugal, Tania y Ander Arcos Alonso presentan una experiencia de innovación docente, cuyo objetivo fue incorporar los valores de la Economía Social y Solidaria (ESS) en la elaboración de planes de negocio. Los autores emplearon el Método de Caso Docente, utilizando encuestas aplicadas antes y después de la intervención, dónde se evidenció un aumento en el interés del alumnado por la ESS, especialmente por su dimensión inclusiva y su potencial como modelo de emprendimiento social. Las actividades fueron valoradas positivamente por su capacidad para identificar herramientas y principios de la ESS. Los hallazgos destacan la relevancia de combinar metodologías activas con experiencias reales para promover una visión empresarial más ética, inclusiva y transformadora.

En el estudio "¿Qué sorpresa nos tienes preparada para hoy? El aprendizaje lúdico en el aula." Las autoras Elena Tuparevska y Lirio Flores- Moncada se centran con su estudio en el contexto universitario, concretamente en los grados de Educación Primaria y el doble grado de Educación Social y Trabajo Social, con el objetivo de analizar tanto las ventajas como los retos del aprendizaje lúdico. Para ello, se emplearon una metodología mixta que incluyó la recopilación de datos cuantitativos y cualitativos mediante encuestas y observaciones. Los hallazgos indican que el uso del juego puede potenciar significativamente el aprendizaje de los estudiantes universitarios, siendo especialmente valioso para aquellos que se especializan en pedagogía terapéutica, ya que podrán utilizarlo en su futura labor docente en aulas con una diversidad creciente.

En el quinto capítulo titulado "Innovación e inclusión a través de la música en la formación de docentes de Educación Primaria" las autoras María Teresa Martín Calé y Antonia De La Torre Rísquez han diseñado una propuesta didáctica que implementa el modelo de clase invertida (Flipped Classroom) en la asignatura de Lenguaje Musical del Grado en Educación Primaria, dentro de la mención de Música. Según las autoras, esta metodología permite reestructurar el proceso de enseñanza-aprendizaje, promoviendo que los estudiantes adquieran o refuercen conocimientos de forma autónoma antes de aplicarlos colaborativamente en el aula. Para ello, se utilizan herramientas digitales como PlayPosit, Vimeo y YouTube, con el objetivo de facilitar un aprendizaje más personalizado y accesible. Por último, la metodología propuesta sustituye el modelo tradicional de enseñanza por una dinámica activa, en la que el estudiante asume un rol central en su proceso formativo, fortaleciendo su autonomía, mientras que el docente actúa como guía, elaborando materiales didácticos pertinentes y brindando apoyo personalizado.

En el siguiente capítulo del libro con título "Aprendizaje-Servicio: Economía para todas las personas", Marta Camaño Amado e Isabel Dans Álvarez de Sotomayor llevaron a cabo una iniciativa colaborativa entre estudiantes de 4º de ESO y usuarios de un centro ocupacional especializado en atención a personas con diversidad intelectual, dónde utilizaron la metodología de Aprendizaje-Servicio. El proyecto tuvo como propósito acercar al alumnado a realidades sociales de su entorno mientras aprendían de manera significativa los contenidos económicos del currículo oficial (Decreto 156/2022). A partir de las necesidades identificadas por el centro ocupacional, las y los estudiantes diseñaron y llevaron a cabo actividades educativas enfocadas en promover la autonomía diaria. Estas se desarrollaron en dos encuentros intercentro, logrando un aprendizaje mutuo y transversal que, además de fortalecer conocimientos, impulsó el compromiso personal del alumnado con una educación inclusiva.

El séptimo capítulo titulado "Aprendizaje-Servicio (ApS) universitario para la inclusión socio-digital y sus resultados (in)esperados" de Mar Beneyto-Seoane y Carles Bosch analiza los resultados de tres experiencias universitarias de Aprendizaje-Servicio (ApS), centradas en la inclusión digital y la perspectiva de género interseccional. Desarrolladas a través del Laboratorio de Innovación Social y Digital (LISD) y una asignatura del Grado en Educación Social de la Universidad de Vic, estas propuestas buscan reducir desigualdades digitales mediante proyectos socioeducativos. Los resultados evidenciaron mejoras en las competencias digitales de los participantes y un fortalecimiento de las relaciones sociales, destacando el valor de la colaboración interdisciplinaria para enfrentar retos sociales y tecnológicos. Estas iniciativas ofrecen aprendizajes clave y un modelo replicable para futuras intervenciones que promuevan la equidad digital desde la educación superior.

El estudio del María de los Lirios Bernabé Lillo, Israel Alonso Sáez y Nahia Idoiaga Mondragón con título "Estudios Fenomenológicos Sobre Prácticas Pedagógicas y Formación Docente: Revisión de la literatura especializada" analiza la importancia de la investigación cualitativa, especialmente la fenomenológica, para comprender y mejorar las prácticas pedagógicas en la educación superior. Mediante una revisión sistemática de literatura en la base de datos Web of Science, se estudiaron 17 artículos publicados entre 2013 y 2024 en inglés y español. El enfoque documental permitió identificar el uso frecuente de la fenomenología en investigaciones educativas, particularmente en América y Asia, siendo las entrevistas la técnica más utilizada para recolectar datos. Los resultados revelan que este tipo de estudios ofrece una comprensión profunda de las experiencias docentes, aportando al desarrollo profesional y a la mejora de la calidad educativa. Sin embargo, las y el autor señalan una carencia en la investigación sobre cómo la formación continua es vivida por los docentes y su impacto en la transformación de sus prácticas pedagógicas, lo que evidencia la necesidad de abordar esta área en futuras investigaciones.

El siguiente capítulo de Elvira Gutiérrez Jiménez, Nahia Idoiaga Mondragón e Idoia Legorburu Fernández titulado "La Educación ambiental en las aulas actuales: Voces del Profesorado en la comunidad del País Vasco (CAPV)" evalúa la situación actual de la educación ambiental en la región del País Vasco, dónde se realizaron entrevistas cualitativas a 22 docentes del área. Sus resultados permitieron identificar elementos que favorecen la enseñanza ambiental, como una buena organización y la transmisión adecuada de información, así como obstáculos importantes, entre ellos la carencia de recursos, la excesiva burocracia, la desconexión con la naturaleza y una cultura de consumo dominante. Los autores concluyen que el principal desafío es la escasa sensibilización ambiental, por lo que se requiere una formación ambiental dirigida a estudiantes, docentes y la sociedad en general, apoyada en metodologías innovadoras y ejemplos prácticos que fomenten una actitud positiva hacia el medio ambiente.

En el último capítulo del libro titulado "Abordar las desigualdades educativas en la Europa rural: un aula virtual para la inclusión social", escrito por Alba García-Cid y Aitana Fernández-Villardón desarrolla el proyecto Erasmus+ Aula Rural Virtual, cuyo propósito es reducir desigualdades mediante la creación de un entorno digital inclusivo y el fortalecimiento de una red de escuelas conectadas entre sí. El proyecto explora cómo las herramientas tecnológicas pueden fomentar el aprendizaje colaborativo y fortalecer el sentido de comunidad, transformando la educación rural. Este capítulo describe la implementación del programa y analiza sus principales logros, al tiempo que reflexiona sobre los retos comunes que enfrenta la educación en zonas rurales, tanto en Europa como en otras regiones del mundo. Se destaca especialmente el papel del aprendizaje en red y de la cooperación entre instituciones como estrategias clave para superar las barreras históricas al acceso educativo en estos contextos.

Este recorrido por diversas experiencias innovadoras y comprometidas con la inclusión en la educación superior y otros niveles formativos evidencia que el cambio educativo es posible cuando se sitúa a las personas en el centro del proceso. A lo largo de los capítulos, se demuestra que la transformación pedagógica requiere voluntad, creatividad y colaboración entre actores diversos: docentes, estudiantes, instituciones y comunidades. Desde el apoyo mutuo en salud mental hasta la educación ambiental, pasando por la formación musical, la economía social, la inclusión digital y la educación rural, cada aportación de este libro ha puesto en valor la potencia de enfoques metodológicos activos, críticos y contextualizados. Así, "Innovar para Incluir: La Educación Superior como Motor de Sociedades Resilientes" no solo ofrece herramientas y evidencias para repensar las prácticas educativas, sino que también inspira una visión de la educación como motor de justicia social. Con este libro, se cierra un ciclo de reflexión colectiva que invita a continuar aprendiendo, dialogando y construyendo, con la esperanza de un futuro educativo más equitativo, humano y transformador.

Capítulo 1

El apoyo entre iguales en salud mental: evaluación de una experiencia en el ámbito universitario

Rebeca Zabaleta González
Universidad de Burgos, rzabaleta@ubu.es

Resumen: The research presents a pilot study for the development of peer support in the university context. A requirement for the adequate functioning of this practice is the previous training of the people with lived experience in mental health who are going to offer support. The objective is to describe the results of the implementation of the ¡Acompáñame! - University. A 25-hour training activity based on peer support and aimed at university students with mental health problems. An evaluative research is carried out with a mixed methods methodology. It is a pre-experimental study with pretest and posttest design of a single group, through two standardized instruments, and a discussion group. The quantitative results show no statistically significant differences; the qualitative information indicates the high satisfaction level of the participants in relation to the training program, the contributions at a personal level and the benefits of the practice of peer support. The previous training of people with lived experience allows them to explore and discover skills, as well as to reconstruct their life projects. It is expected to start the development of the GAMs in the university context during the next academic year.

1. INTRODUCCIÓN

La etapa universitaria está llena de retos para la juventud, no solo les requiere el compromiso con los estudios sino también responsabilidad, autonomía e independencia en la toma de decisiones (López y Vacío, 2020). El alumnado universitario suele encontrarse en el periodo de la juventud, comprendida entre los 15 y los 24 años (Naciones Unidas, 2024), y la mayoría de los problemas de salud mental comienzan antes de los 24 años (Davies et al., 2016), por lo que el ámbito universitario puede ser óptimo para llevar a cabo acciones que apoyen y promuevan la salud mental de este grupo.

En la actualidad, la juventud se preocupa por su salud mental y está abierta a hablar de sus emociones y necesidades de apoyo (Toledano at al., 2023), pero se muestran reacios a buscar ayuda profesional y prefieren contar con el apoyo de amigos y amigas (Lubman et al., 2017). Para abordar las barreras y aumentar el acceso a la atención, recientemente ha surgido un movimiento internacional con el objetivo de brindar servicios específicos para jóvenes (O'Reilly et al., 2022). Entre otras acciones, la práctica del apoyo entre iguales está tomando relevancia.

El apoyo entre iguales en salud mental se define como la relación que se establece entre las personas que tienen o han tenido experiencias similares y se basa, fundamentalmente, en la empatía (Mead et al., 2001). En el ámbito universitario está creciendo el interés en esta práctica debido a que (Halsall et al., 2021; Simmons et al., 2023):

- Las relaciones con los pares se vuelven cada vez más importantes durante la juventud.

- Los iguales son un recurso natural en el proceso de búsqueda de ayuda, y los jóvenes citan al grupo de iguales como la fuente más común de información y apoyo en materia de salud mental.

- Los principios del apoyo entre iguales difieren de las relaciones tradicionales entre médico y paciente, donde forman una conexión mutua, comparten conocimientos y puntos de vista, y se apoyan y desafían mutuamente para seguir adelante.

Por todo ello, los programas de apoyo entre iguales pueden ayudar a enfrentar los desafíos de la soledad y el aislamiento tan reconocidos en esta etapa (Shalaby y Agyapong, 2020), además de ser una vía de acceso a la atención de salud mental para quienes dudan en buscar ayuda profesional (Murphy et al., 2023; Simmons et al., 2023).

Para que el apoyo entre iguales sea efectivo es necesario formar a las personas que van a ofrecer este apoyo (Shalaby y Agyapong, 2020), especialmente en el entorno universitario debido a la edad y falta de experiencia laboral de los jóvenes que pueden ofrecer este apoyo (De Beer et al., 2022).

Internacionalmente, son varios los estudios que evidencian los beneficios de la práctica del apoyo entre iguales en el ámbito universitario (Halsall et al., 2021; Lubman et al., 2017; Osborn et al., 2022; O'Reilly et al., 2022). Sin embargo, en España, son escasas las experiencias documentadas y se concretan principalmente en el entorno sanitario y/o social (Zabaleta et al., 2021).

Esta disparidad resalta la necesidad de examinar el apoyo entre iguales específicamente en el contexto universitario español. Aunque existen experiencias relevantes en otros países, como la destacada en el Reino Unido (Osborn et al., 2022), las iniciativas en la educación superior española son limitadas. Por ello, el presente estudio se centra en una experiencia de apoyo entre iguales desarrollada en el ámbito educativo de la Universidad de Burgos (UBU), contribuyendo así a la comprensión y expansión de esta práctica en el contexto universitario español.

Este estudio piloto tiene como objetivo evaluar la implementación del programa ¡Acompáñame! – Universidad, analizando su impacto en la formación de estudiantes con experiencia vivida en salud mental para el apoyo entre iguales.

2. MÉTODO

Se realiza una investigación evaluativa (Tejedor, 2000) que tiene como finalidad recoger y analizar los resultados obtenidos con la implementación del programa y para ello se emplea una metodología de métodos mixtos siguiendo un abordaje explicativo secuencial, con el fin de que los datos cualitativos ayuden a explicar los resultados cuantitativos (Tashakkori y Creswell, 2007).

Diseño

El programa ¡Acompáñame! – Universidad se compone de un total 12 sesiones (más dos sesiones de evaluación), con una duración entre 90 y 120 minutos cada una, donde se desarrollan actividades de diversa índole (teóricas, de role playing, debates, reflexión...) y se abordan contenidos relacionados con la recuperación, el apoyo entre iguales, las habilidades de comunicación y de escucha, y los Grupos de Ayuda Mutua (GAM). El programa se dirige al estudiantado universitario (o egresados en los últimos años) y el fin último de la formación es el posterior desarrollo de GAM en el contexto universitario.

Se plantea una investigación pre-experimental con diseño pretest y postest de un solo grupo (Salinas y Cárdenas, 2009) para evaluar los posibles cambios producidos por la intervención.

Muestra

La realización del programa se anunció a través del de Vicerrectorado de Responsabilidad Social, Cultura y Deporte, cartelería y las redes sociales. Pasado el plazo se descartaron a dos personas por no haber tenido experiencia en salud mental, quedando 3 personas.

El programa se ha implementado en la Facultad de Educación de la UBU entre octubre de 2023 y enero del 2024 con 3 mujeres (una estudiante de grado, una estudiante de Máster y una egresada de la universidad) con edades comprendidas entre los 19 y los 50 años, siendo la media de 30,33 años.

Las personas participantes firmaron el consentimiento informado antes de comenzar, garantizando la voluntariedad y la comprensión de su participación. La persona encargada de dinamizar la formación (estudiante con experiencia vivida en salud mental) cumplimentó el compromiso de confidencialidad y recibió una formación previa sobre el funcionamiento del programa por parte de las personas responsables.

El estudio se llevó a cabo respetando rigurosamente los principios éticos fundamentales de la investigación con seres humanos. Se aseguró la confidencialidad de los datos recopilados, protegiendo la identidad de las participantes y resguardando su información personal de acuerdo con la normativa vigente en materia de protección de datos. Asimismo, se tomaron todas las medidas necesarias para salvaguardar el bienestar y los derechos de las participantes, minimizando cualquier posible riesgo y asegurando que su participación no les causara perjuicio alguno.

Instrumentos

La evaluación pre-pos test se realizó mediante dos cuestionarios estandarizados:

a) Cuestionario de salud mental positiva (CSMP): escala para medir, operar y evaluar la salud mental positiva. Consta de 39 ítems agrupados en los seis factores: satisfacción personal; actitud prosocial; autocontrol; autonomía; resolución de problemas y autorrealización; y habilidades relacionales. Cada ítem es contestado en una escala del 1 al 4, dependiendo de la frecuencia con la que se produce (Lluch, 2003).

b) Escala de evaluación de la recuperación: dominios y etapas. (RAS-DS): escala de autoinforme que evalúa temas relacionados con la recuperación. Consta de 38 ítems divididos en 4 dominios de recuperación: haciendo cosas que valoro, mirando hacia adelante, manejando mi enfermedad, conectando y perteneciendo. Cada ítem se responde en una escala Likert del 1 al 4 (Hancock et al., 2016).

Asimismo, al finalizar la formación se llevó a cabo un grupo de discusión con las 3 personas participantes para recoger información cualitativa que complete los datos cuantitativos de los cuestionarios.

Análisis de los datos

El análisis de los datos cuantitativos se emplea el programa estadístico IBM SPSS 29 (Licencia de la UBU). Se realiza la prueba de Kolmogorov-Smirnov y se observa que no cumple criterios de distribución normal, por lo que se realizan análisis inferenciales no paramétricos estableciendo el nivel de significación en $p < .05$.

Para el análisis cualitativo se emplea el software Atlas.ti (Licencia de la UBU) siguiendo un enfoque de análisis temático inductivo con el objetivo de identificar patrones significativos en las experiencias y percepciones de las personas participantes.

Se aplica la triangulación de datos, comparando los resultados obtenidos de las diferentes fuentes (cuestionarios estandarizados y grupo de discusión) para identificar convergencias y divergencias.

3. RESULTADOS

A continuación, se presentan los resultados obtenidos por las personas participantes en la evaluación pre-post test.

La Figura 1 recoge las puntuaciones medias obtenidas por las participantes en cada uno de los dos cuestionarios antes y después de la formación. En ambas pruebas, la puntuación media obtenida es superior en la segunda medición.

Figura 1

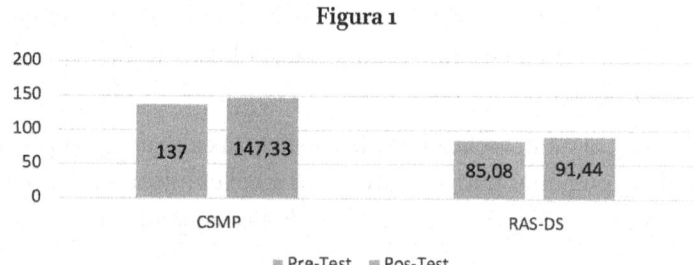

Puntuaciones pre-test y pos-test CSMP y RAS-DS

Para comparar las puntuaciones obtenidas se utiliza la Prueba de los rangos con signo de Wilcoxon (Tablas 1 y 2).

Tabla 1. *Resultados Prueba de los rangos con signo de Wilcoxon en el CSMP.*

Factor	Prueba de los rangos con signo de Wilcoxon.			
	Rangos negativos	Rangos positivos	Empates	Sig. asintótica
F1	0	3	0	.102
F2	0	1	2	.317
F3	0	3	0	.109
F4	0	2	1	.180
F5	0	2	1	.180
F6	1	2	0	.414
CSMP Total	0	3	0	.109

Nota: Rangos negativos: Puntuación post-test < Puntuación pre-test
Rangos positivos: Puntuación post-test > Puntuación pre-test
Empates: Puntuación post-test = Puntuación pre-test

En todos los factores del CSMP, excepto en el 6, así como en la puntuación total, las puntuaciones han sido iguales o superiores en la segunda medición (Tabla 1).

En el cuestionario RAS-DS (Tabla 2), en 3 de los factores (1, 2 y 3) las puntuaciones en el pos-test han sido iguales o superiores a las obtenidas en el pre-test. En el Factor 4 y en la puntuación final en la segunda medición, la puntuación es superior en dos de las personas, pero inferior en una de ellas.

Tabla 2. *Resultados Prueba de los rangos con signo de Wilcoxon en el RAS-DS.*

Factor	Prueba de los rangos con signo de Wilcoxon.			
	Rangos negativos	Rangos positivos	Empates	Sig. asintótica
F1	0	2	1	.180
F2	0	2	1	.180
F3	0	2	1	.180
F4	1	2	0	.285
RAS-DS Total	1	2	0	.285

Nota: Rangos negativos: Puntuación post-test < Puntuación pre-test
Rangos positivos: Puntuación post-test > Puntuación pre-test
Empates: Puntuación post-test = Puntuación pre-test

En la columna de la derecha (Tablas 1 y 2) se recoge la significación asintótica y, en este caso, no se encuentran diferencias estadísticamente significativas en ninguno de los factores ni en las puntuaciones totales de ambas escalas.

Al finalizar la formación se llevó a cabo un grupo de discusión con las 3 personas participantes. El grupo se organizó en torno a 3 bloques: la formación, los aportes a nivel personal y la práctica del apoyo entre iguales.

Respecto al programa formativo indican que los contenidos son bastante completos y que no modificarían nada, pero señalan algunos aspectos se deberían incluir como "*hablar de otros recursos, tanto a nivel de psiquiatría y psicología como de entidades*" (P3), "*la sintomatología de los principales trastornos*" (P2) "*la prevención del suicidio*" (P2) o "*que se trate más el tema del cómo afrontar el volver a la sociedad*" (P1). Además, para poder añadir este contenido indican que sería necesario "*hacer la formación un poquito más larga*" (P2).

A nivel personal la formación les ha aportado muchas cosas: *"he aprendido muchísimas cosas de mi proceso que no había sido consciente"* (P3), *"me ayuda un montón a salir del personaje"* (P1) y *"nunca había hablado y verbalizado de forma abierta este tema y para mí han sido muy liberador"* (P2).

También señalan que el proceso de reflexión personal que se realiza durante la formación *"es duro (...). El volver a entrar en la historia. Porque a mí sí que me ha hecho ver que he estado muy sola, que lo he pasado muy mal"* (P3).

Las 3 personas consideran que la formación ha contribuido a su formación académica y además puede aportar en su trayectoria laboral ya que su experiencia es un valor añadido porque tienen *"la capacidad de hacerlo desde dentro"* (P1) y eso lo consideran realmente importante: *"a mí me hubiera encantado cuando yo estuve en terapia, tener una palmadita en la espalda de alguien que lo hubiera vivido y me dijera, tía, que se sale"* (P1).

La finalidad última de ¡Acompáñame! – Universidad es el desarrollo de Grupos de Ayuda Mutua en el entorno universitario, pero consideran que *"va a ser muy difícil implementarlo en el contexto universitario por el estigma, pero creemos que si se llega a ello va a ser súper enriquecedor"* (P3), ya que la Universidad *"es un espacio propenso a tener un problema de salud mental. Así que, qué mejor sitio para implementar esto"* (P1).

Además, estos GAM pueden aportar no solo beneficios al entorno universitario, sino a la comunidad en general debido a que *"estos grupos de ayuda mutua vienen a ser un instrumento complementario a la pobre escena que tenemos de recursos de salud mental"* (P2) y, concretamente para la población joven pueden ser *"una ayuda temprana que va a evitar desencadenar problemas en el futuro"* (P3) ya que se fomenta *"un espacio seguro y sano terapéutico para los jóvenes, un sitio donde se pueden sentir en casa cambiando la referencia"* (P2).

4. DISCUSIÓN Y CONCLUSIONES

En este caso, no se han identificado diferencias significativas en las mediciones cuantitativas, pero a través del análisis cualitativo las participantes han indicado una percepción positiva sobre su proceso de aprendizaje y su impacto en la vida personal y académica. Este tipo de programas de formación permiten a las personas participantes explorar sus capacidades existentes, descubrir nuevas y trabajar las dificultades a través de la reconstrucción de sus proyectos de vida (Chaura, 2014) como han expresado en el grupo de discusión. Además, el hecho de que las personas participantes compartan su experiencia, va a ser indispensable para que posteriormente puedan ayudar a otras personas en su proceso de recuperación y establecer una relación de confianza y mutualidad (Magalhães et al., 2013).

Los resultados obtenidos en las pruebas cuantitativas pueden ser normales al tratarse de una experiencia tan puntual y también puede estar explicado por alguno de los siguientes motivos (Fan et al., 2018): el pequeño tamaño de la muestra, el corto plazo de la intervención y/o el sesgo de cambio de respuesta en las pruebas pre-pos test. Estas limitaciones afectan a la validez de los hallazgos y será necesario tenerlas en cuenta en futuras investigaciones para mejorar la robustez del estudio.

Para la implementación de esta experiencia piloto se han identificado obstáculos que coinciden con lo expuesto por Osborn et al. (2022), relacionados con la falta de comprensión del estudiantado sobre la práctica del apoyo entre iguales, así como el desconocimiento sobre los beneficios de la propia formación. A pesar de que implementación del apoyo entre iguales en el entorno universitario puede aumentar la confianza en uno mismo, la autoestima, la autogestión, la esperanza, el empoderamiento y reducir la soledad (Murphy et al., 2024). La referencia del entorno educativo fuera del contexto de salud debe ser muy valorada, a la luz de lo que nos indican las participantes.

Los resultados hallados, a pesar de ser alentadores, deben ser interpretados con cautela. La evidencia internacional, nos lleva a continuar con esta experiencia y se prevé iniciar el desarrollo de un GAM en el entorno universitario durante el curso académico 2024/2025. Como líneas de continuidad, será pertinente implementar la formación con muestras más amplias que aporten validez, así como evaluar el desarrollo de los GAM con un diseño robusto que integre grupos de comparación y seguimiento longitudinal.

REFERENCIAS BIBLIOGRÁFICAS

Chaura, L.E. (2014). Programa de formación y capacitación laboral en salud mental. *Trabalho, Educação e Saúde, 12*(3), 695-716. https://doi.org/10.1590/1981-7746-sip00002

Davies, E.B., Wardlaw, J., Morriss, R. y Glazebrook, C. (2016). An experimental study exploring the impact of vignette gender on the quality of university students' mental health first aid for peers with symptoms of depression. *BMC Public Health, 16*(187). https://doi.org/10.1186/s12889-016-2887-2

De Beer, C.R.M., Nooteboom, L.A., van Domburgh, L., de Vreugd, M., Schoones, J.W. y Vermeiren, R.R.J.M. (2022). A systematic review exploring youth peer support for young people with mental health problems. *European Child & Adolescent Psychiatry, 1–14.* https://doi.org/10.1007/s00787-022-02120-5

Fan, Y., Ma, N., Ma, L., Xu, W., Lamberti, J.S. y Caine, E.D. (2018). A community-based peer support service for persons with severe mental illness in China. *BMC psychiatry, 18*(170). https://doi.org/10.1186/s12888-018-1763-2

Halsall, T., Daley, M., Hawke, L. y Henderson, J. (2021). Exploring peer support services for youth experiencing multiple health and social challenges in Canada: A hybrid realist-participatory evaluation model. International *Journal of Qualitative Methods, 20.* https://doi.org/10.1177/1609406921995680

Hancock, N., Scanlan, J.N., Bundy, A.C., y Honey, A. (2016). *Recovery assessment scale-domains and stages (RAS-DS) manual-version 2.* The University of Sidney.

Lluch, M.T. (2003). Construcción y análisis psicométrico de un cuestionario para evaluar la salud mental positiva. *Behavioral Psychology/Psicologia Conductual, 11*(1), 61-78.

López, A. y Vacío, M.Á. (2020). La etapa universitaria y su relación con el sobrepeso y la obesidad. *Revista Digital Universitaria, 21*(5).

Lubman, D.I., Cheetham, A., Jorm, A.F., Berridge, B.J., Wilson, C., Blee, F., Mckay-Brown, L., Allen, N. y Proimos, J. (2017). Australian adolescents' beliefs and help-seeking intentions towards peers experiencing symptoms of depression and alcohol misuse. *BMC Public Health, (17)* 658. https://doi.org/10.1186/s12889-017-4655-3

Magalhães, C., de Araujo, M.C., Moscoso, J., Mitkiewicz, F., Wainstok, M., Fernandes, J., ... y Tavares, M. (2013). ¿Soy loco, pero estoy en red?: el proceso de capacitación con usuarios de servicios de salud mental para el trabajo de ayuda entre pares en la red de atención psicosocial de Río de Janeiro. *Vertex Rev Argent Psiquiatr, 24*(112), 445-454.

Murphy, R., Huggard, L., Fitzgerald, A., Hennessy, E. y Booth, A. (2024). A systematic scoping review of peer support interventions in integrated primary youth mental health care. *Journal of Community Psychology, 52*(1), 154-180. https://doi.org/10.1002/jcop.23090

Naciones Unidas (2024). *Juventud.* Disponible en: https://lc.cx/Xif7Ub

O'Reilly, A., O'Brien, G., Moore, J., Duffy, J., Longmore, P., Cullinan, S. y McGrory, S. (2022). Evolution of Jigsaw—A National Youth Mental Health Service. *Early Intervention in Psychiatry, 16*(5), 561–567. https://doi.org/10.1111/eip.13218

Osborn, T.G., Town, R., Ellis, R., Buckman, J.E.J., Saunders, R. y Fonagy, P. (2022). Implementing peer support in higher education: A feasibility study. *SSM-Mental Health, 2.* https://doi.org/10.1016/j.ssmmh.2022.100175

Salinas, P. y Cárdenas, M. (2009). *Métodos de investigación social.* CIESPAL.

Shalaby, R.A.H. y Agyapong, V.I. (2020). Peer support in mental health: literature review. *JMIR mental health, 7*(6).

Simmons, M.B., Cartner, S., MacDonald, R., Whitson, S., Bailey, A. y Brown, E. (2023). The effectiveness of peer support from a person with lived experience of mental health challenges for young people with anxiety and depression: A systematic review. *BMC Psychiatry, 23,* 194. https://doi.org/10.1186/s12888-023-04578-2

Tashakkori, A. y Creswell, J.W. (2007). Exploring the Nature of Research Questions in Mixed Methods Research. *Journal of Mixed Methods Research, 1*(3), 207-211. https://doi.org/10.1177/1558689807302814

Tejedor, F.J. (2000). El diseño y los diseños en la evaluación de programas. *Revista de investigación educativa, 18*(2), 319-339.

Toledano, S., Gutiérrez, G. & Mountian, I. (2023). *Informe #Rayadas. La salud mental de la población joven en España.* Fundación Manantial. https://lc.cx/hfhKgm

Zabaleta, R., Lezcano, F. y Perea, M.V. (2021). Programas de formación para el apoyo entre iguales en salud mental en España. *Interdisciplinaria, 38*(2), 183-198. https://doi.org/10.16888/interd.2021.38.2.12

Capítulo 2

Destrezas Digitales en el Grado de Educación Social y su Relación con la motivación, la autoeficacia creativa y la satisfacción vital

Vanesa Lancha-Villamayor
Departamento de Didáctica y Organización Escolar, Universidad del País Vasco (UPV/EHU), vanesa.lancha@ehu.eus

Estibaliz Cepa-Rodríguez
Departamento de Ciencias de la Educación, Universidad del País Vasco (UPV/ EHU), estibaliz.cepa@ehu.eus

Resumen: La Competencia Digital (CD) es esencial en la formación inicial de cualquier profesional educativo. Con motivo de definir claves de mejora de la CD, se pretende analizar la percepción del alumnado del grado de Educación Social sobre su CD, comparar sus resultados por curso académico y estudiar su relación con distintas variables psico-emocionales. En este estudio cuantitativo, de tipo descriptivo, comparativo y correlacional, han participado 151 universitarios, que cumplimentaron un cuestionario de Microsoft Forms. Los resultados reflejan que tienen un nivel medio-bajo de CD, siendo mayor el dominio en "alfabetización digital" e inferior en "pensamiento crítico". Además, se constata que el alumnado de segundo es el que obtiene puntuaciones menores en todas las áreas de la CD, mientras que el de tercero el que más destaca. También, se ha comprobado que todas las dimensiones de la CD se relacionan positivamente con su nivel de motivación, autoeficacia creativa y satisfacción vital. Estos resultados ofrecen directrices para el rediseño de planes formativos y recursos adaptados a las características específicas de la titulación y del curso académico, y dan pistas sobre los factores psico-emocionales a considerar.

PALABRAS CLAVE: educación social; competencia digital; formación universitaria; motivación; satisfacción vital.

1. INTRODUCCIÓN

La universidad es un pilar esencial en la formación inicial del alumnado de los grados de Ciencias Sociales, especialmente, para el desarrollo de la Competencia Digital (CD). Futuros profesionales de este ámbito, como piezas clave tanto para la transformación sociocultural como para el entrenamiento de competencias y destrezas que mejoran la convivencia, deben tener un adecuado nivel en el manejo de las Tecnologías de la Información y la Comunicación (TIC). Las universidades deben implementar un enfoque integral; por ejemplo, incluir asignaturas específicas sobre TIC o metodologías activas que permitan al alumnado aplicar los conocimientos adquiridos en entornos reales. Todo ello, desde el trabajo en equipo y con sistemas de evaluación para la mejora continua y constructiva (Iglesias et al., 2023).

El alumnado de titulaciones socioeducativas, como Educación Social, muestra un nivel medio-bajo de CD (Guillén-Gámez et al., 2024). Según García-Delgado et al. (2024), aunque domina habilidades tecnológicas básicas en actividades cotidianas, tiene dificultades para aplicarlas en entornos académicos y profesionales. Destaca en alfabetización tecnológica y búsqueda y tratamiento de la información, pero dificultades en pensamiento crítico e innovación y creatividad (Paños-Castro et al., 2022). Es más, tiende a utilizar las TIC en contextos de ocio y socialización, siendo escasa su transferencia a contextos académicos-laborales (Peirats-Chacón et al., 2018). Además, pese a tener una actitud positiva hacia el desarrollo de la CD y es consciente de la importancia de emplear las TIC de un modo efectivo, se muestra descontento con la formación inicial recibida (Pinto-Santos et al., 2020).

Asimismo, Marín-Suelves et al. (2022) señalan que, a medida que aumenta el curso académico, el nivel de CD mejora. No obstante, Alastor et al. (2024) y Sánchez-Caballé et al. (2019) advierten que los resultados del primer curso comienzan a ser aceptables ya que el alumnado ingresa a la universidad con un nivel básico. También, se han comenzado a considerar variables psico-emocionales estrechamente relacionadas con el aprendizaje. La motivación es un factor positivo para la auto-percepción de la CD que aumenta la predisposición al aprendizaje autónomo (Colomo et al., 2023). A medida que el alumnado adquiere un nivel más alto de autoeficacia en alfabetización tecnológica, mejora su rendimiento académico (Pinto-Santuber et al., 2023). Por ello, Gewerc et al. (2023) defienden plantear actividades académicas que fomenten la motivación intrínseca como creación de contenido multimedia, simulaciones, uso de realidad aumentada, participación en comunidades en línea, entre otros. Otra variable fundamental en el desarrollo de la CD es la satisfacción vital, dado que cuando el alumnado se siente bien y satisfecho, se muestra más motivado y preparado para aprender, innovar y participar activamente con las TIC (Gómez-Gómez et al., 2022).

En aras de ampliar el conocimiento sobre este vacío, los objetivos de este trabajo son: primero, analizar la opinión de estudiantes del grado de Educación Social sobre su nivel de CD en distintas dimensiones e indicadores; segundo, identificar y describir las diferencias en las dimensiones e indicadores de la CD según el año académico; y, tercero, identificar factores influyentes en la CD general y por curso académico.

2. METODOLOGÍA

Diseño y participantes

Con el propósito de dar respuesta a los objetivos planteados, se propuso un estudio no experimental cuantitativo de tipo descriptivo-inferencial y transversal. La selección muestral no probabilística, es decir, fue intencional, y participaron 151 estudiantes del grado de Educación Social (de un total de 318), 125 mujeres y 26 hombres que cursaban primero (n= 63), segundo (n= 37), tercero (n= 26) o cuarto (n=25).

Instrumento

Para evaluar las habilidades digitales y las destrezas psico-emocionales, se elaboró un cuestionario *ad hoc* en Microsoft Forms (*online*) que, además de cuestiones sociodemográficas, contaba con cuatro escalas:

- Cuestionario de Competencia Digital del Alumnado de Educación Superior (CDAES), basado en los modelos de ISTE y Dig-Comp 2.2 (Gutiérrez-Castillo et al., 2017). Sus índices de fiabilidad fueron adecuados (entre $\alpha= .82$ y $\alpha= .90$).

Figura 1. Dimensiones e indicadores de la competencia digital

Dimensión 1. Alfabetización tecnológica

1.1.-Manejo de sistemas TIC.
1.2.-Selección y uso efectivo de aplicaciones.
1.3.-Investigación y resolución de problemas con TIC.
1.4.-Transferencia del conocimiento al aprendizaje con TIC.

Dimensión 2. Búsqueda y tratamiento de la información

2.1.-Planificación de estrategias de búsqueda de información.
2.2.-Organización, análisis, evaluación y uso ético de la información.
2.3.-Evaluación y selección de fuentes y herramientas digitales.
2.4.-Procesamiento de datos y comunicación de resultados.

Dimensión 3. Pensamiento crítico

3.1.-Identificación y definición de problemas de investigación.
3.2.-Planificación de actividades para completar proyectos.
3.3.-Análisis de datos y toma de decisiones informadas.
3.4.-Uso de múltiples procesos para ofrecer soluciones alternativas.

Dimensión 4. Comunicación y colaboración

4.1.-Interacción y colaboración en múltiples entornos digitales.
4.2.-Comunicación de información e ideas en múltiples formatos.
4.3.-Desarrollo de una conciencia global frente a otras culturas.
4.4.-Participación en equipos para producir trabajos o resolver problemas.

Dimensión 5. Ciudadanía digital

5.1.-Uso seguro, legal y responsable de la información y las TIC.
5.2.-Actitud positiva ante las TIC.
5.3.-Liderazgo para la ciudadanía digital.

Dimensión 6. Innovación y creatividad

6.1.-Generación de nuevas ideas, productos o procesos.
6.2.-Creación de trabajos originales para la expresión.
6.3.-Identificación de tendencias y posibilidades.

Fuente: Gutiérrez-Castillo et al. (2017)

Cuestionario de Motivación hacia el Aprendizaje (CMA) (Villarreal y Arroyave, 2022). Las propiedades psicométricas de cada elemento del cuestionario fueron adecuadas (entre $\alpha= .73$ y $\alpha= .83$).

Escala de Autoeficacia Creativa (EAC) (Aranguren et al., 2011). Su fiabilidad fue apropiada ($\alpha= .82$).

Escala de Satisfacción Vital (SWLS) (Atienza et al., 2000). El análisis de fiabilidad dio como resultado un alfa de Cronbach de "$\alpha= .82$".

Para la validación del cuestionario, antes de su aplicación, fue sometido a una prueba piloto con participantes de las mismas características que la población objeto de estudio ($n= 35$). Además de cumplimentar el cuestionario, tuvieron que responder a una serie de preguntas que permitieron recoger sugerencias de mejora valiosas en cuanto a contenido, redacción y diseño.

Procedimiento y análisis de datos

Cuando el Comité de Ética aprobó los materiales y el procedimiento, se solicitó al profesorado difundir el link del cuestionario, siendo la participación voluntaria y confidencial. Después, se informatizaron y depuraron los datos a fin de preparar la base de datos para su análisis en el software estadístico IBM SPSS v. 28.

3. RESULTADOS

Nivel de competencia digital en cada dimensión e indicador

El alumnado presenta mayor desempeño en "alfabetización tecnológica", donde se siente competente para gestionar múltiples sistemas y recursos digitales ($M= 6.68$; $SD= 1.47$). Asimismo, muestra un nivel medio en planificación de búsquedas avanzadas de información ($M= 7.19$; $SD=$

1.96), evaluación crítica de las fuentes y contenidos ($M= 7.05$; $SD= 1.55$), creación de trabajos originales ($M= 7.13$; $SD= 2.26$), comunicación en múltiples formatos ($M= 7.03$; $SD= 1.84$) y colaboración en línea para resolver retos educativos ($M= 7.06$; $SD= 2.12$). En cambio, la dimensión con un dominio inferior es la de "pensamiento crítico" ($M= 5.55$; $SD= 1.77$), donde fallan al promover procesos para ofrecer soluciones alternativas ($M= 4.17$; $SD= 2.25$). De hecho, los indicadores asociados a la identificación ($M= 5.60$; $SD= 2.24$) y resolución de problemas ($M= 5.00$; $SD= 2.51$) junto a los relativos al procesamiento ($M= 5.64$; $SD= 1.84$) y análisis de datos ($M= 5.62$; $SD= 2.15$), son los que más dificultades les generan. Es decir, sus puntuaciones disminuyen a medida que se solicitan tareas más específicas.

Competencia digital por curso académico

El ANOVA evidenció diferencias significativas entre los grupos en casi todas las áreas de la CD. El alumnado de tercer curso destacó en habilidades digitales, mientras que el de segundo presentó mayores carencias.

El alumnado de tercero obtiene puntuaciones superiores al resto que alcanzan el nivel medio-alto en la mayoría de dimensiones, especialmente en "alfabetización tecnológica" ($F(3,146)= 5.97$; $p < .01$; $\eta^2= 1.08$), "innovación y creatividad" ($F(3,146)= 3.62$; $p < .01$; $\eta^2= 1.25$) y "ciudadanía digital" ($F(3,146)= 7.00$; $p= .015$; $\eta^2= 1.25$). No obstante, manifiesta serias dificultades en la "pensamiento crítico", aunque sus puntuaciones siguen siendo superiores a las del resto ($F(3,146)= 5.34$; $p < .01$; $\eta^2= 0.99$, $F(3,146)= 5.99$; $p < .01$; $\eta^2= 1.09$).

Se observa que, por un lado, el alumnado de segundo es el que cuenta con un nivel de desempeño en material digital más bajo. Además de mostrar lagunas en "pensamiento crítico", se queda por detrás en tareas relativas a la investigación y resolución de problemas (DIM1.3, $F(3,146)= 7.00$; $p < .01$; $\eta^2= 1.25$) o la promoción del liderazgo digital (DIM5.3, $F(3,146)= 7.00$; $p < .01$; $\eta^2= 1.32$), siendo el tamaño del efecto de las diferencias muy grande. Por otro lado, el grupo de primero puntúa ligeramente más alto que el de segundo y el de cuarto en "comunicación y colaboración" (DIM4), si bien sus medias son muy similares en el resto de dimensiones e indicadores. Las pruebas de contraste de Scheffe, también reiteraron la significatividad de los resultados.

Predictores de la competencia digital en cada dimensión

Se aprecia que la dimensión "alfabetización tecnológica" es en la que los modelos aclaran mayores cambios (37.1 %) y la "búsqueda y tratamiento de la información" (29%) en la que menos, aunque los índices R^2 son aceptables en todos los casos. Asimismo, la satisfacción con respecto a su vida [SAT] es un factor clave para explicar la variación; de hecho, salvo en "comunicación y colaboración" y "ciudadanía digital", que entra segunda, en el resto es el factor más significativo ($p < .001$). Además, son importantes la predisposición a participar en actividades de aprendizaje [OMI u orientación a metas intrínsecas], que encabeza la lista en la "comunicación y colaboración" ($F(1,149)= 40.445$, $p < .001$), y las expectativas personales acerca del propio desempeño creativo [CREA o autoeficacia creativa], que explica los cambios en "ciudadanía digital" ($F(1,149)= 40.445$, $p < .001$) (Tabla 1).

Tabla 1. Resumen del modelo de regresión lineal múltiple para la competencia digital

Variables dependientes del modelo	F	β	t	p
DIM1. Alfabetización tecnológica R^2= .371				
1- SAT	44.103	.478	6.641	***
2- SAT, OMI	36.496	.335	4.745	***
3- SAT, OMI, ANS	27.432	-.179	-2.562	*
4- SAT, OMI, ANS, OME	23.105	.182	2.617	**
DIM2. Búsqueda y tratamiento de la información R^2= .290				

1- SAT		34.509	.434	5.874	***
2- SAT, OMI		25.308	.271	3.642	***
3- SAT, OMI, ANS		19.776	-.191	-2.598	**
4- SAT, OMI, ANS, OME		16.345	.158	2.144	*
DIM3. Pensamiento crítico R^2= .360					
1- SAT		44.959	.481	6.705	***
2- SAT, VDT		35.081	.313	4.426	***
3- SAT, VDT, CREA		26.951	.212	2.752	**
4- SAT, VDT, CREA, ANS		22.072	-.158	-2.270	*
DIM4. Comunicación y colaboración R^2= .334					
1- OMI		40.445	.462	6.360	***
2- OMI, SAT		31.589	.307	4.254	***
3- OMI, SAT, AUT		24.633	.225	2.795	**
4- OMI, SAT, AUT, CREA		19.829	.168	1.985	*
DIM5. Ciudadanía digital R^2= .310					
1- CREA		47.278	.491	6.876	***
2- CREA, SAT		32.416	.281	3.683	***
3- CREA, SAT, VDT		23.504	.152	2.063	*
DIM6. Innovación y creatividad R^2= .333					
1- SAT		50.670	.504	7.118	***
2- SAT, VDT		35.688	.280	3.963	***
3- SAT, VDT, CREA		25.944	.168	2.164	*

Nota 1. VDT= Valoración de tareas; OME= Orientación a metas extrínsecas; OMI= Orientación a metas intrínsecas; AUT= Autoeficacia; ANS= Ansiedad ante exámenes; CREA= Autoeficacia creativa; SAT= Satisfacción vital. $p= .05^*$, $p= .01^{**}$, $p< .01^{**}$

Complementariamente, en el grupo de tercero una variable clave es la CREA, que explica sola un 59.8% de los cambios en "pensamiento crítico" ($F(3,147)= 38.201$, $p < .001$) e, incluso, destaca en los modelos del resto de áreas. La única excepción es la "innovación y creatividad", donde es la SAT la incluida en el modelo (R^2= .324, $F(3,147)$= 12.30, p= .01). De hecho, estos dos factores explican gran parte de la variación de la "búsqueda y tratamiento de la información" (58.5 %), la "comunicación y colaboración" (63.5 %) o la "ciudadanía digital" (58.4 %). En cambio, en el grupo de segundo, que presentaba las puntuaciones más bajas, en varias dimensiones las variables son excluidas. El análisis, asimismo, permite señalar que en algunos modelos solo entra una variable con un porcentaje explicativo inferior al resto de casos (entre 8% y 11%).

Con respecto a cuarto, las variables más determinantes para explicar la varianza de los factores de CD son sub-componentes de la motivación como la OMI, que explica un 22.4 % de los cambios en la "alfabetización tecnológica" ($F(3,147)$= 7.92, p= .01), un 41.5 % en el "pensamiento crítico" ($F(3,147)$= 18.00, $p < .001$) y un 46.9 % en la "ciudadanía digital" ($F(3,147)$= 22.16, $p < .001$). Además, junto a ella, destaca la predisposición a participar en tareas debido a razones externas como las notas [OME u orientación a metas extrínsecas], pues se incluyen conjuntamente en los modelos que explican el 44.2 % de la varianza de la "búsqueda y tratamiento de la información" ($F(3,147)$= 10.49, p= .01) y el 54.4 % de la "innovación y la creatividad" ($F(3,147)$= 15.32, p= .05). Por último, entre el alumnado de primero, se vislumbra, por un lado, que la CREA es la variable que entra en el modelo relativo a su "ciudadanía digital" para explicar un 36.1 % ($F(3,147)$= 36.07, $p < .001$), siendo la que obtiene un porcentaje más bajo. Por otro lado, que a la misma se unen la SAT y la valoración de la importancia y la utilidad de la tarea [VDT] para aclarar, de forma independiente (DIM1, DIM3), conjunta (DIM6) o mediante distintas combinaciones, gran parte de los resultados de más de la mitad de las dimensiones dentro de este grupo.

4. CONCLUSIONES

Se puede concluir que es necesario ampliar los conocimientos y la oferta educativa en materia digital dirigida al alumnado del grado de Educación Social. Este es un requisito indispensable para ofrecer una educación de calidad, inclusiva y equitativa, comprometida con los objetivos de digitalización de diversos organismos nacionales e internacionales. Ante este desafío, el sistema universitario, debe promover la CD y, por ello, aumentar en la formación inicial el número de créditos específicos dedicados a la utilización de las TIC y su presencia en los planes de formación considerando las características personales y los conocimientos previos de las y los estudiantes. Complementariamente, se tiene que dar prioridad a la temática en la formación continua, en la que existe la necesidad de dedicar tiempo y recursos a promover el uso seguro, crítico y responsable de las TIC para garantizar una educación actualizada y adaptada a las demandas de una sociedad digitalizada. De este modo, las y los agentes del ámbito de la Educación Social serán capaces de conocer las ventajas y limitaciones de la aplicación de los sistemas y recursos tecnológicos, así como escoger los más adecuados para promover la participación social en todas las esferas en las que llevan a cabo su práctica profesional. Además, las diversas iniciativas que surjan al respecto, no solo deberían tratar definir tareas y estrategias de mejora en base a las dificultades detectadas en cada área o indicador, sino también contemplar, al mismo tiempo, diversos factores académicos y psico-emocionales que influyen indirectamente en el desarrollo de la CD. Por todo ello, es recomendable la incorporación de la tecnología en los programas educativos, incluso colaborar con profesionales del área de la tecnología para diseñar programas y actividades que garanticen una experiencia educativa óptima a las y los estudiantes en el uso de herramientas específicas para la intervención social y favorecer el trabajo colaborativo en línea, por ejemplo, con la creación de redes de apoyo entre estudiantes y profesionales. De forma complementaria, es necesario desarrollar proyectos de intervención social haciendo uso de la tecnología con posibilidad de involucrar a colectivos en situación de vulnerabilidad, como aplicaciones móviles o redes sociales.

Por último, han de considerarse las limitaciones halladas en el estudio a la hora de interpretar los resultados. El análisis se ha basado en los resultados procedentes de un instrumento auto-perceptivo, lo que ha permitido únicamente recoger opiniones subjetivas, dando lugar a la necesidad de construir pruebas objetivas que faciliten el análisis del nivel de CD real o combinar el instrumento aplicado con una metodología cualitativa. Asimismo, el muestreo no probabilístico y la participación de una sola institución ha limitado la interpretación y extrapolación de los resultados, de modo que resulta necesario utilizar una muestra probabilística, amplia y representativa a nivel nacional.

REFERENCIAS BIBLIOGRÁFICAS

Alastor, E., Guillén-Gámez, F. D., & Ruiz-Palmero, J. (2024). Competencia digital del futuro docente de Educación Infantil y Primaria: un estudio por comparaciones múltiples. *Revista Latinoamericana de Tecnología Educativa-RELATEC, 23*(1), 9-24. https://doi.org/10.17398/1695-288X.23.1.9

Aranguren, M., Oviedo, A., & Irrazábal, N. (2011). Estudio de las propiedades psicométricas de la escala de autoeficacia creativa en población argentina. *Revista de Psicología, 7*(14), 69-91.

Atienza, F. L., Pons, D., Balaguer, I., & García-Merita, M. (2000). Propiedades psicométricas de la Escala de Satisfacción con la Vida en adolescentes. *Psicothema, 12*(2), 257-267.

Colomo M., E., Aguilar-Cuesta, Ángel I., Cívico-Ariza, A., & Colomo-Magaña, A. (2023). Percepción de futuros docentes sobre su nivel de competencia digital. *Revista Electrónica Interuniversitaria de Formación del Profesorado, 26*(1), 27–39. https://doi.org/10.6018/reifop.542191

García-Delgado, M. Á., Rodríguez-Cano, S., Delgado-Benito, V., & de la Torre-Cruz, T. (2024). La Competencia Digital Docente entre los Futuros Docentes de la Universidad de Burgos. *International and Multidisciplinary Journal of Social Sciences, 13*(1), 1-19. https://doi.org/10.17583/rimcis.13467

Gewerc, A., González-Villa, A., & Rodríguez-Groba, A. (2023). Estrategias de aprendizaje y motivación del alumnado del Grado en Pedagogía: Entre la espera de recompensas y el escaso pensamiento crítico. *Aula Abierta, 52*(2), 147–156. https://doi.org/10.17811/rifie.52.2.2023.147-156

Gómez-Gómez, M., Hijón-Neira, R., Santacruz-Valencia, L., & Pérez-Marín, D. (2022). Impacto del proceso de enseñanza y aprendizaje remoto de emergencia en la competencia digital y en el estado de ánimo en la formación del profesorado. *Education in the Knowledge Society, 23,* 1-23. https://doi.org/10.14201/eks.27037

Guillén-Gámez, F. D., Gómez-García, M., & Ruiz-Palmero, J. (2024). Competencia digital en labores de Investigación: predictores que influyen en función del tipo de universidad y sexo del profesorado. *Pixel-Bit, Revista de Medios y Educación, 69,* 7-34. https://doi.org/10.12795/pixelbit.99992

Gutiérrez-Castillo, J. J., Cabero-Almenara, J., & Estrada-Vidal, L. I. (2017). Diseño y validación de un instrumento de evaluación de la competencia digital del estudiante universitario. *Revista Espacios, 38*(10), 1-27.

Iglesias, A., Martín, Y., & Hernández, A. (2023). Evaluación de la competencia digital del alumnado de Educación Primaria. *Revista de Investigación Educativa, 41*(1), 33-50. https://doi.org/10.6018/rie.520091

Paños-Castro, J., Bilbao, E., Arruti, A., & Carballedo, R. (2022). Autopercepción de la competencia digital del alumnado del grado en Educación Social con Ikanos. *Campus virtuales, 11*(1), 51-62. http://doi.org/10.54988/cv.2022.1.886

Pinto-Santuber, C., Molina, M., Salgado, R., Gallegos, D., & Nadim, T. (2023). Autorregulación del aprendizaje, motivación y competencias digitales en educación a distancia: Una revisión sistemática. *Revista Mexicana de Investigación Educativa, 28*(98), 965-986.

Pinto-Santos, A. R., Perez, A., & Darder, A. (2020). Autopercepción de la competencia digital docente en la formación inicial del profesorado de educación infantil. *Revista Espacios, 41*(18), 29-44.

Sánchez-Caballé, A., Gisbert-Cervera, M., & Esteve-Mon, F. M. (2019). La competencia digital de los estudiantes universitarios de primer curso de grado. *Innoeduca: International Journal of Technology and Educational Innovation, 5*(2), 104-113. http://doi.org/10.24310/innoeduca.2019.v5i2.5598

Villarreal, J. E., & Arroyave, D. I. (2022). Adaptación y validez de la escala de motivación del Motivated Scale Learning Questionnaire (MSLQ) en universitarios colombianos. *Electronic Journal of Research in Education Psychology, 20*(56), 119-150.

Capítulo 3

Construir ciudadanía inclusiva desde el aula: La Economía Social y Solidaria como palanca de cambio

Itsaso Liesa Fernández de la Cuadra
Universidad del País Vasco/Euskal Herriko Unibertsitatea, itsaso.fernandezdelacuadra@ehu.eus

Asier Arcos Alonso
Universidad del País Vasco/Euskal Herriko Unibertsitatea, asier.arcos@ehu.eus

Mikel Barba del Horno
Universidad del País Vasco/Euskal Herriko Unibertsitatea, mikel.barba@ehu.eus

Tania Martínez Portugal
Universidad del País Vasco/Euskal Herriko Unibertsitatea, tania.martinez@ehu.eus

Ander Arcos Alonso
Independiente, anderarcos11@gmail.com

Resumen: Las universidades juegan un papel clave en promover el desarrollo humano sostenible a través de una formación académica integral, orientada a la creación de una ciudadanía crítica, solidaria e inclusiva. En este contexto, la Universidad del País Vasco (UPV/EHU) busca fomentar competencias éticas y creativas en su alumnado para responder a los retos globales. Esta investigación describe una experiencia de innovación docente en la asignatura "Emprendizaje e Innovación Empresarial" del grado de Gestión de Negocios (curso 2023/2024), centrada en integrar los valores de la Economía Social y Solidaria (ESS) en el diseño de planes de negocio. Se empleó la metodología del Método de Caso Docente con la colaboración de agentes de la ESS del País Vasco. A través de encuestas ex-pre y ex-post, se observó un creciente interés del alumnado por la ESS, destacando su dimensión inclusiva y su potencial como paradigma de emprendimiento social. Las actividades realizadas fueron valoradas positivamente por su utilidad para identificar herramientas y valores de la ESS. Los resultados subrayan la importancia de combinar metodologías activas e innovadoras con experiencias prácticas para fomentar un enfoque inclusivo y solidario en el ámbito empresarial.

PALABRAS CLAVE: economía social y solidaria, ciudadanía inclusiva, metodologías activas

1. INTRODUCCIÓN

La universidad y su papel social

Las universidades públicas desempeñan un papel fundamental en la transformación social, proveyendo de conocimientos fiables que aborden retos globales. Como apunta Coraggio (2002) deben convertirse en espacios pluralistas e inclusivos, abiertos a todos los sectores, para debatir los problemas sociales en distintos contextos. A través de su labor educativa, las universidades, asumen la responsabilidad de formar ciudadanía crítica, solidaria e inclusiva, que no solo se integre al mercado laboral, sino que también actúe como catalizadora de cambios sociales (De la Rosa et al, 2022; Alonso-Saiz, 2021). En este sentido, las universidades no son meros transmisores de conocimientos técnicos, sino que también contribuyen en la promoción de valores que trasciendan las lógicas mercantilistas del sistema económico tradicional (Arcos Alonso et al, 2023).

Desde la implantación del Plan Bolonia y el Modelo IKD de la UPV/EHU -ahora transformado en modelo "$i3$" (UPV/EHU, 2024), se ha adoptado un enfoque competencial en la enseñanza. Las competencias han sido objeto de amplio debate, en parte debido a su origen en el ámbito empresarial y su relación con enfoques *tayloristas* y el aprendizaje por objetivos. Escudero (2009) distingue dos concepciones de las competencias que responden a lógicas distintas: una busca una educación democrática, equitativa y humanista, orientada a la cohesión social; y otra que prioriza la excelencia, adaptando la formación a las demandas del mercado y la economía del conocimiento, enfocándose en la eficiencia y eficacia. Ambas coexisten en la universidad. Desde la primera perspectiva, se plantea el desafío de integrar conocimientos, valores y actitudes para enfrentar necesidades y demandas de la sociedad, otorgando un mayor protagonismo al alumnado y favoreciendo su aprendizaje autónomo y crítico. Por ello, se considera necesario promover cambios en las propuestas formativas, dando relevancia a la formación práctica y al uso de metodologías activas, fomentando la colaboración interdisciplinar y diversificando la evaluación (López, Benedito y León, 2016). Ahora bien, esto último genera interrogantes, dado que cabe preguntarse en cada disciplina y facultad cómo se pueden provechar las potencialidades de estas metodologías activas de cara a transmitir valores sociales y generar conciencia crítica. En este sentido, y como se verá a continuación, recientes estudios (Arcos-Alonso y Alonso Olea, 2020, Arcos Alonso et al, 2020, Arcos Alonso et al, 2023) ponen de manifiesto las potencialidades de utilizar metodologías activas para incorporar economías heterodoxas en el curriculum.

Educación económica universitaria y valores: La Economía Social y Solidaria

La ESS se presenta como un marco conceptual alternativo que, al colocar a la persona y al trabajo en el centro, propone una óptica humanista del acto económico (Pérez de Mendiguren & Etxezarreta, 2015; Pérez de Mendiguren, Etxezarreta, Guridi, 2009; Askunce, 2013) y un modelo basado en la solidaridad, la equidad y el compromiso comunitario, ofreciendo un marco prometedor para alinear los objetivos educativos con el desarrollo sostenible (Marques et al., 2024; Quiroz-Niño & Murga-Menoyo, 2017). Esta visión desafía las estructuras dominantes de la economía convencional, caracterizadas por la mercantilización de las relaciones humanas, la intensificación de las desigualdades sociales y la sobreexplotación de los recursos naturales (Laville, 2004; Martínez y Álvarez, 2008; Coraggio, 1995).

El papel de las universidades en este contexto es doble. Por un lado, deben formar profesionales que puedan incorporar otras formas de economía alternativa en sus prácticas laborales (Coraggio, 2002). Por otro, deben incentivar la creación de nuevas formas de organización económica y social que desafíen los modelos predominantes y busquen una mayor sostenibilidad y bienestar (Bretos et al., 2021). Esto implica no solo insertar la ESS en el currículo académico, sino también la implementación de metodologías pedagógicas que promuevan la participación activa del alumnado en el diseño de proyectos que reflejen estos principios (Guridi & Pérez de Mendiguren, 2014). En este sentido, la ESS se convierte en una herramienta pedagógica eficaz para la formación de futuros profesionales comprometidos con la justicia social y los retos actuales (Hernández et a., 2018).

Además, la influencia de la ESS en el ámbito académico no se limita al aula, sino que también favorece el desarrollo de proyectos de vinculación comunitaria y trabajo con organizaciones sociales, lo que fortalece el tejido social (Coraggio, 2002). Este tipo de iniciativas permiten que los estudiantes no solo adquieran conocimientos teóricos sobre la ESS, sino que también experimenten de manera directa su aplicación práctica en la creación de alternativas económicas innovadoras que respondan a los desafíos de un mundo globalizado y en constante cambio (Lazányi, 2022).

Así, la universidad debe ser vista no solo como una institución educativa, sino como un agente clave en la promoción de una economía más justa y solidaria. Al incorporar los principios de la ESS en su oferta formativa y en su práctica institucional, las universidades pueden tener la capacidad de formar ciudadanía comprometida con el desarrollo sostenible y la justicia social, contribuyendo activamente a la transformación de la sociedad hacia un modelo económico más inclusivo y equitativo (Pérez y Hernández, 2020). El desafío, por tanto, es crear un entorno académico que fomente la reflexión crítica y el compromiso ético, impulsando a los estudiantes a participar en la construcción de una economía que ponga en el centro a las personas y al bienestar de la comunidad (Coraggio, 2002).

El proyecto de innovación docente

En este contexto es en el que se propuso el proyecto de innovación docente. La asignatura optativa de cuarto curso, "Emprendizaje e Innovación Empresarial", perteneciente al Grado de Gestión de Negocios de la Facultad de Economía y Empresa – Sección Elcano, se impartió durante el año académico 2023/2024. Esta asignatura está incluida dentro de la mención de Gestión de PyMES, lo que permite a los estudiantes adquirir competencias clave en el ámbito del emprendimiento y la innovación empresarial, especialmente enfocadas en la pequeña y mediana empresa. Se ofrecieron dos grupos, uno en castellano y otro en euskera, contando con un total de 56 matriculaciones. A lo largo del curso, el alumnado participó en diversas actividades obligatorias como parte de la evaluación continua, las cuales podían ser de carácter individual o en equipos, lo que fomentaba tanto el trabajo autónomo como la colaboración entre compañeros. De los estudiantes matriculados, 49 participaron activamente en el sistema de evaluación continua, lo que refleja un alto grado de implicación por parte del alumnado en el desarrollo de las competencias necesarias para enfrentarse a los retos del mundo empresarial actual.

2. OBJETIVOS Y METODOLOGÍA

Objetivos

Los objetivos planteados en el proyecto de innovación docente se centraron en: iidentificar la evolución en el grado de interés del alumnado por la ESS; analizar la idoneidad del uso de metodologías activas para acercar al alumnado la Economía Social y Solidaria y; promover, entre el alumnado del Grado en Gestión de Negocios, un enfoque inclusivo y solidario en el ámbito empresarial

Metodología

El proyecto de innovación docente ha sido implementado en la asignatura de *Emprendizaje e Innovación Empresarial*, con un peso de 4,5 créditos ECTS. Aborda, competencias transversales que fomenten el compromiso social del alumnado y el trabajo en equipo, entre otras. La asignatura está diseñada para facilitar un batería de herramientas que permita al alumnado: favorecer la creatividad, identificar oportunidades de negocio y diseñar iniciativas empresariales basadas principalmente en valores éticos y democráticos.

Para ello, se combinaron actividades formativas y el Método de Caso Docente (MCD) basado en una empresa de ESS del País Vasco. El MCD es una herramienta que permite al alumnado centra su investigación en un problema real propuesto por la persona docente, de tal manera que pueda adquirir las herramientas básicas para un aprendizaje inductivo (Boehrer y Linsky, 1990). Esto posibilita que el alumnado conozca, comprenda y analice las características fundamentales de un caso real, a través de la participación activa, cooperando con el resto del equipo y en dialogo constante con la persona docente (Villaroel y Bruna, 2017) o, como en este caso, con la entidad social que participa en el proceso. A su vez, permite también experimentar con la toma de decisiones basadas en la reflexión y el análisis (Ugarte y Naval, 2010).

En este proyecto se contó con la colaboración de agentes de la Red de Economía Alternativa y Solidaria de Euskadi (REAS-Euskadi), lo que enriqueció el proceso formativo. Además, se acompañó también de técnicas docentes activas y de trabajo autónomo en equipo por parte del alumnado para fortalecer su propio proceso de aprendizaje. Por un lado, el alumnado trabajo en equipo elaborando mapas mentales sobre los principios recogidos en la *Carta de principios de Economía Solidaria* de

REAS-Euskadi, que posteriormente fueron expuestos en el aula. También, siguiendo esta lógica colaborativa elaboraron fuera del aula una batería de preguntas de tipo test sobre ESS, haciendo uso de los materiales y recursos aportados para ello. Posteriormente fueron compartidas en el aula y validadas por el resto del alumnado, pasando algunas de ellas a conformar parte del contenido de la prueba de evaluación teórica final de la asignatura. Por último, por equipos también, se trasladaron a la práctica los conceptos teóricos abordados sobre ESS, mediante el diseño y defensa de un plan de negocio.

De esta forma, se trabajaron las competencias transversales del alumnado, anteriormente mencionadas, posibilitando no solo adquirir conocimientos teóricos, sino también desarrollar habilidades prácticas y valores esenciales para su futuro desempeño profesional en un entorno cada vez más comprometido con la sostenibilidad y la justicia social.

3. RESULTADOS

Los resultados se estructuraron en tres apartados, en coherencia a lo propuesto en los objetivos.

Apartado 1: Identificar la evolución en el grado de interés por la ESS.

El primer apartado de los resultados trata sobre el reto de identificar la evolución en el grado de interés por la ESS. Se realizó una encuesta ex pre y otra ex post, en los siguientes gráficos 1 y 2, se puede observar la evolución:

Gráfico 1   Gráfico 2

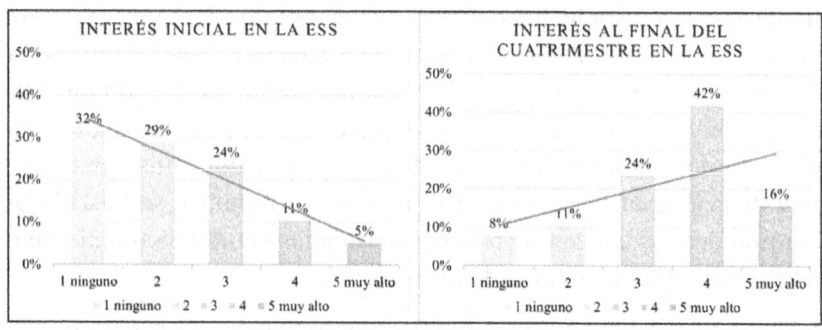

Fuente: elaboración propia.

Los resultados reflejados en la imagen muestran la evolución del grado de interés del alumnado en la ESS a lo largo del cuatrimestre. Inicialmente, un 32% de los estudiantes no tenía ningún interés en la ESS, mientras que solo un 5% mostraba un interés muy alto. Al final del cuatrimestre, el interés en la ESS aumentó significativamente: solo un 8% mantenía ningún interés, mientras que un 42% expresó un alto interés (nivel 4) y un 16% alcanzó un interés muy alto (nivel 5). En resumen, el interés por la ESS creció notablemente, con un aumento considerable en los niveles más altos de interés. Además, para complementar el análisis, se realizó otra pregunta que tuvo que ver con su opinión favorable -o no- acerca de haber transversalizado curricularmente la ESS. El gráfico 3 muestra los resultados. el 84% contestó que sí, lo que confirma la evolución anterior y valida la decisión de incluirla en la asignatura de manera transversal.

Gráfico 3

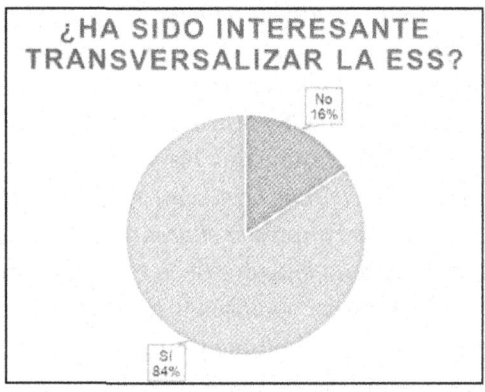

¿HA SIDO INTERESANTE TRANSVERSALIZAR LA ESS?

No 16%

Sí 84%

Fuente: Elaboración propia.

Por último, mediante una pregunta abierta, se ofreció al alumnado la oportunidad de explicar de una manera más abierta y cualitativa su respuesta anterior. Se hizo un análisis de los datos recogidos de las respuestas del alumnado de las, surgieron tres conclusiones clave. En primer lugar, se identificó una demanda de pluralidad de enfoques económicos. Algunos ejemplos de estas respuestas sugerían las siguientes ideas: E11 "...creo que es importante tener conocimiento de la ESS"; E15 "Es un área interesante de la economía que merece una asignatura propia"; E17 "Creo que es algo importante, y que si no se da en clase la mayoría no lo escucharía nunca"; o E28 "Sí, me ha parecido interesante y necesario, ya que pocas veces había debatido sobre el tema y me ha enseñado lo importante que es". En segundo lugar, se observó que esta pluralidad en la formación permite al alumnado ampliar sus perspectivas y enfrentar su futuro profesional (ya sea en la elección de empresas o en el emprendimiento) desde una óptica más coherente con sus valores personales. Muestra de ello son las siguientes ideas expresadas: E16 "Me ha parecido interesante porque hoy en día se le da mucha importancia a la responsabilidad social y es un punto importante a la hora de valorar para entrar a una empresa para seguir tus valores"; E19 "Ha cambiado mi forma de entender ciertas partes de cómo funciona una organización, y a su vez a entender mejor el *concepto en sí"*; o E25 *"Estoy en proceso de heredar un negocio familiar y lo aprendido me ha resultado útil para un futuro no muy lejano ponerlo en práctica y sacarle provecho a mi propio negocio. Incluso para el tfg.".* Por último, tanto la diversidad en la formación como las alternativas profesionales relacionadas con la ESS contribuyen a la construcción de una ciudadanía inclusiva. Como muestras las siguientes ideas: E5 *"Porque ayuda a la sociedad"*; o E7 *"Porque brinda un enfoque distinto a lo convencional, procura ámbitos que impulsen el desarrollo de la sociedad".* Estos hallazgos resaltan las potencialidades de la ESS para este fin, subrayando la relevancia de incorporar su enseñanza en el currículo académico de la educación superior en economía y empresa.

Apartado 2: Analizar la idoneidad del uso de metodologías activas

Se realizó una evaluación con el fin de conocer el grado de idoneidad de utilizar diferentes técnicas y metodologías activas en la asignatura, valorando tanto la elección de éstas como su utilidad para ayudar al alumnado a interiorizar, identificar y poner en práctica los conceptos y valores de la ESS. Los resultados fueron muy positivos, destacando que se mostraron como herramientas eficaces para acercar la ESS al aula y promover su comprensión en relación con los contenidos de la asignatura. En tabla 1 se puede observar los resultados pormenorizados:

Tabla 1

PREGUNTA	VALORACIÓN	%
Mapas Mentales	Me ha parecido una **herramienta adecuada** y, me ha **ayudado a interiorizar** los conceptos	61%
Aula Invertida	Me ha parecido una **herramienta adecuada** y, me ha **ayudado a identificar** aspectos claves de las entidades de ESS	58%
Método de Caso Docente	Me ha parecido una **herramienta adecuada** y, me ha **ayudado a identificar** aspectos claves de las entidades de ESS	55%
Plan de Negocio con enfoque de ESS	Me ha parecido una **herramienta adecuada** y, he logrado **poner en práctica** los conceptos vistos en el aula sobre ESS	58%
	Me ha parecido una **herramienta adecuada**, pero me ha resultado **complicado** **poner en práctica** los conceptos vistos en el aula sobre ESS	32%

Fuente: Elaboración Propia.

En efecto, la tabla 1 muestra que el alumnado considera que las metodologías activas como los mapas mentales, el aula invertida y el método de caso docente son herramientas adecuadas para interiorizar e identificar los conceptos clave de la ESS. La mayor valoración la obtuvo el uso de mapas mentales (61%), mientras que el plan de negocio con enfoque de ESS fue visto como más complicado de aplicar en la práctica, con un 32% de aceptación.

Apartado 3: Promover un enfoque inclusivo y solidario en el ámbito empresarial

Se plateó una pregunta para conocer si el alumnado, en caso de emprender, lo haría bajo el enfoque de modelos económicos alternativos como la ESS. En los siguientes gráficos 4 y 5 se pueden observar los resultados:

Gráficos 4 y 5

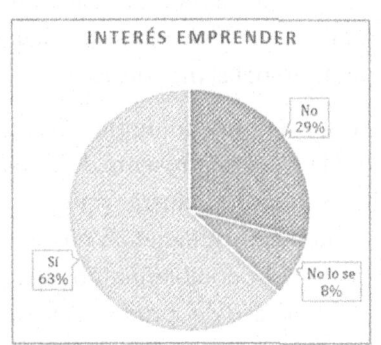
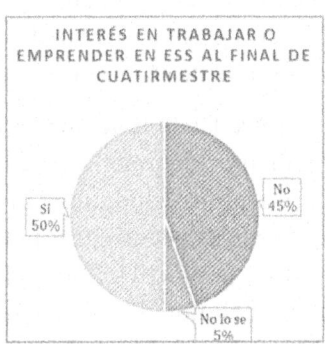

Fuente: Elaboración propia.

Un 50% del alumnado confirmó que consideraría emprender o trabajar dentro de este marco, lo que subraya la importancia de la universidad en la formación de futuros profesionales y la relevancia de introducir enfoques transformadores en la educación superior en economía y empresa. Además, estos resultados mostraron el potencial de la ESS para fomentar la creación de una ciudadanía más inclusiva, ya que cuanto mayor número de emprendizajes desde valores de justicia, solidaridad e inclusión, más se favorece el tránsito hacia una sociedad más consciente, socialmente comprometida y equitativa.

4. CONCLUSIONES

Las conclusiones de los resultados obtenidos en esta investigación sobre la ESS muestran un notable aumento en el interés del alumnado hacia la ESS a lo largo del cuatrimestre. Inicialmente, el interés era bajo, pero al final del curso se observó un cambio significativo, lo que sugiere que la inclusión de la ESS en la enseñanza genera un impacto positivo en la formación de los estudiantes. Además, una mayoría expresó una opinión favorable sobre la integración de la ESS en el currículo, validando su inclusión en la asignatura.

En cuanto a las metodologías activas utilizadas, los estudiantes valoraron de forma positiva herramientas como los mapas mentales y el aula invertida, que les ayudaron a interiorizar e identificar los conceptos clave de la ESS. Sin embargo, algunos encontraron más complicado aplicar en la práctica el plan de negocio con enfoque en ESS, lo que señala la necesidad de seguir perfeccionando las metodologías prácticas.

Entre las limitaciones encontradas, destaca el hecho de que la implementación práctica de los conceptos de la ESS aún presenta desafíos para algunos estudiantes, lo que indica la necesidad de ajustar y mejorar las técnicas pedagógicas para garantizar una mejor integración entre la teoría y la práctica. También merece mención el trabajo añadido tanto para el alumnado como para la docente. En el caso del profesorado, la adecuación de las actividades, materiales, instrumentos de evaluación y sesiones a los contenidos teóricos y prácticos ha supuesto un número de horas adicionales. Igualmente, fue necesaria formación adicional de la persona docente en algunas de estas cuestiones, en particular, evaluación. En el caso del alumnado, se procuró que los conceptos de carácter teórico se cubrieran dentro de algunas de las sesiones teóricas o prácticas de la asignatura y que las horas destinadas al trabajo fuera del aula se mantuvieran en las previstas. Por tanto, la carga adicional de trabajo para el profesorado, ha constituido un limitante en esta primera implementación. Ello invita a realizar un análisis de las causas, efectos y posibles alternativas sobre las implicaciones de integrar el pluralismo en la enseñanza de economía y empresa con el uso de metodologías activas. Como reto futuro, se plantea la importancia de desarrollar más herramientas que faciliten la aplicación real de los valores de la ESS en proyectos empresariales.

Finalmente, se confirmó que una parte significativa del alumnado consideraría emprender o trabajar bajo el enfoque de la ESS, lo que refuerza el papel crucial de la universidad en la promoción de enfoques económicos alternativos. Estos resultados subrayan la importancia de continuar incorporando la ESS en la educación superior para fomentar una ciudadanía más inclusiva, solidaria y comprometida con los valores de justicia social, equidad y sostenibilidad.

REFERENCIAS BIBLIOGRÁFICAS

Alonso Sainz T. (2021). Educación para el desarrollo sostenible: una visión crítica desde la Pedagogía. *Revista Complutense de Educación*, 32(2), 249-259. https://doi.org/10.5209/rced.68338

Arcos-Alonso, A., & Olea, M. J. A. (2020). Enseñar y aprender otra economía en clave crítica: economía social y solidaria a través del aprendizaje servicio crítico. *In Educación para el Bien Común: hacia una práctica crítica, inclusiva y comprometida socialmente* (pp. 895-906). Octaedro.

Arcos-Alonso, A., Elías-Ortega A., & Arcos Alonso, A., (2020). Intergenerational Service-Learning, Sustainability and University Social Responsibility: A Pilot Study. *Cypriot Journal of Educational Science.* 15(6), 16291641. https://doi.org/10.18844/cjes.v15i6.5322

Arcos-Alonso, A., Las Heras, J., Fernández de la Cuadra-Liesa, I. & Garcia-Azpuru, A. (2023). Identificación y análisis de representaciones sobre economía social y solidaria como herramienta de transversalización de valores sociales en la educación universitaria de empresa. In *Caminando hacia la innovación en educación: de la teoría a la práctica* (pp. 15-37). Dykinson.

Askunze, K (2013). Más allá del capitalismo: alternativas desde la Economía Solidaria. *Documentación social* (168):91-116.

Boehrer, J., & Linsky, M. (1990). Teaching with cases: Learning to question. New directions for teaching and learning, 1990(42), 41-57. https://doi.org/10.1002/tl.37219904206

Bretos, I., Díaz-Foncea, M. y Lozenko, A.K. (2021). Creación y difusión de innovación social a través del emprendimiento social en la Universidad. En *Economia, empresa y justicia. Nuevos retos para el futuro* (pp. 648-666). Dykinson

Coraggio, J. L. (1995). *Desarrollo humano, economía popular y educación* (No. 338 (7/8) COR). Buenos Aires: Rei Argentina.

Coraggio, J. L. (2002). Universidad y desarrollo local. En Ponencia presentada en el *seminario Internacional "La educación superior y las nuevas tendencias", organizado por el Consejo Nacional de Educación Superior (CONESUP), UNESCO y el CIESPAL, 23-24 de Julio*, Quito. https://www.coraggioeconomia.org/jlc_public_complet.htm

De la Rosa Ruiz, D., Armentia, P. G., & Esteban, A. B. (2022). Una propuesta educativa de formación integral desde la universidad. Revista Prisma Social, (37), 58-81.

Escudero, J.M. (2009). Las competencias profesionales y la Formación Universitaria. Posibilidades y riesgos. Revista Interuniversitaria de Pedagogía Social, 16, 6582.

Guridi, L., Pérez De Mendiguren, J. C. P. (2014). *La dimensión económica del desarrollo humano local: la economía social solidaria.* Hegoa. Laboratorio de Políticas Públicas

Hernández, I., Pérez, C., y Rua, S. (2018). Intereses y perspectivas formativas en Economía Social y Solidaria de los estudiantes universitarios, *CIRIEC-España, Revista de Economía Pública, Social y Cooperativa*, (94), 91-121. https://doi.org/10.7203/CIRIEC-E.94.12782

Laville JL (2004). El marco conceptual de la Economía Social y Solidaria. En: Laville JL (ed.). *Economía social y solidaria. Una visión europea. Fundación* OSDE/Universidad Nacional de General Sarmiento/Editorial Altamira, Buenos Aires.

Lazányi, O. (2022). *An Ecological Economics Inquiry into the Social and Solidarity Economy-Insights from an Action Research* (Doctoral dissertation). Budapesti Corvinus Egyetem. Available in Budapesti Corvinus Egyetem, Gazdálkodástani Doktori Iskola. https://doi.org/10.14267/phd.2022052

López, B., Benedito, J., León, M.J. (2016). El enfoque de competencias en la Formación Universitaria y su impacto en la evaluación. La perspectiva de un grupo de progesionales expertos en Pedagogía. Formación Universitaria. 9(4), 11-22. http://dx.doi.org/10.4067/S0718-50062016000400000

Martínez, A y Alvarez, S. (2008) La economía crítica y solidaria: perspectivas teóricas y experiencias para la construcción de una economía alternative. (371-486) En *Situación del mundo 2008. Innovaciones para una economía sostenible. Informe annual del Ordlwatch Institute sobre el Progreso hacia una sociedad sostenibl*e. Barcelona: CIP-Ecosocial e ICARIA.

Pérez De Mendiguren J.C., Etxezarreta, E., Guridi, L (2009). Economía Social, Empresa Social y Economía Solidaria: diferentes conceptos para un mismo debate. Papeles de Economía Solidaria 1:1-41.

Pérez de Mendiguren, J. C., & Etxezarreta, E. (2015). Sobre el concepto de economía social y solidaria: aproximaciones desde Europa y América Latina. Revista de Economía Mundial, (40), 123-143.

Pérez, C. y Hernández, I. (2020). *Economía social y solidaria en la educación superior: un espacio para la innovación (tomo 1)*. Bogotá. https://dx.doi.org/10.16925/9789587602234

Niño-Quiroz, C., & Murga-Menoyo, MA. (2017). Social and Solidarity Economy, Sustainable Development Goals, and Community Development: The Mission of Adult Education & Training. *Sustainability. 9*(12), 2164. https://doi.org/10.3390/su9122164

Universidad del País Vasco (www.ehu.eus)

Ugarte, C., & Naval, C. (2010). Desarrollo de competencias profesionales en la educación superior. Un caso docente concreto. *Revista Electrónica de Investigación Educativa, 12*. https://redie.uabc.mx/redie/article/view/251

Villarroel, V. A., & Bruna, D. V. (2017). Competencias Pedagógicas que Caracterizan a un Docente Universitario de Excelencia: Un Estudio de Caso que Incorpora la Perspectiva de Docentes y Estudiantes. *Formación universitaria, 10*(4), 75-96. https://doi.org/10.4067/S0718-50062017000400008

Capítulo 4

¿Qué sorpresa tienes preparada para hoy? El aprendizaje lúdico en el aula universitaria

Elena Tuparevska
Universidad de Deusto, elena.tuparevska3@deusto.es

Lirio Flores-Moncada
Universidad de Deusto, lirioflores@deusto.es

Resumen: La importancia del juego en la infancia ha sido reconocida desde hace mucho tiempo. Sin embargo, la investigación sobre el juego en la adultez es limitada, más aún cuando se trata del juego en la educación superior. No obstante, cada vez hay más pruebas de la importancia del juego en la edad adulta y de su potencial para influir y mejorar el aprendizaje a lo largo de la vida. El presente trabajo es una investigación desarrollada en la educación superior, concretamente en el grado de educación primaria y el doble grado de educación social y trabajo social, y su propósito es explorar los beneficios y los desafíos del aprendizaje lúdico. Para ello, adoptamos un enfoque metodológico de carácter mixto mediante el cual se ha recogido información de naturaleza cuantitativa y cualitativa a través de observaciones y encuestas. Los resultados muestran que el aprendizaje lúdico puede enriquecer el aprendizaje del alumnado universitario y es especialmente relevante para estudiantes del grado en educación primaria, mención en pedagogía terapéutica, para aplicarlo en su futuro trabajo en aulas con una diversidad cada vez mayor.

PALABRAS CLAVE: aprendizaje lúdico, juego, educación superior.

1. INTRODUCCIÓN

Con la creciente importancia del rendimiento académico en la educación, ha habido un renovado interés en los juegos y el aprendizaje lúdico (Golinkoff et al., 2025). La importancia del juego en la infancia ha sido reconocida desde hace mucho tiempo. La *Convención sobre los Derechos del Niño* consagró en su Artículo 31 el derecho de las niñas y los niños al juego (UN, 1989). Recientemente, la Comisión Europea destacó la importancia del juego como uno de los elementos básicos del bienestar (European Commission, 2024). Sin embargo, aunque existen muchas investigaciones sobre el juego infantil, la investigación sobre el juego en la adultez es limitada, más aún cuando se trata del juego en la educación superior (Nørgård et al., 2017). No obstante, cada vez hay más pruebas de la importancia del juego en la edad adulta y de su potencial para influir y mejorar el aprendizaje a lo largo de la vida y ayudar a los seres humanos a vivir una vida mejor y más feliz (Whitton, 2022).

En lo que respecta a la formación de profesorado y la educación social, donde es importante que el alumnado adquiera conocimientos sobre el aprendizaje lúdico para ponerlos en práctica en sus futuras profesiones, no hay investigaciones sobre el juego (Jørgensen et al., 2023) y este estudio pretende cerrar esa brecha. El presente trabajo es una investigación desarrollada en la educación superior, concretamente en el grado de educación primaria y el doble grado de educación social y trabajo social, y su propósito es responder a las siguientes preguntas de investigación:

¿Cuáles son los beneficios del aprendizaje lúdico para el alumnado universitario?

¿Cuáles son los desafíos del aprendizaje lúdico para el alumnado universitario?

El juego, lo lúdico y el aprendizaje lúdico

Las investigaciones arqueológicas, históricas, antropológicas y sociológicas sobre el juego muestran que el juego es omnipresente en las sociedades humanas y ha estado presente desde la prehistoria (Whitebread, 2012). Para el ser humano, la importancia del juego es bien conocida. Según Henricks (2008), el juego no es una actividad trivial o excepcional, sino uno de los grandes modos de expresión humana que se distingue de otras formas fundamentales como el trabajo (Henricks, 2008). Para Piaget (1951/1999) el juego es clave para el desarrollo cognitivo y para Vygotsky es clave para el desarrollo del lenguaje y la autorregulación (Vygotsky, 1978, como se citó en Whitebread, 2012). Por otro lado, Huizinga (1954/2007) entiende el juego como un fenómeno cultural y elemento fundamental de la sociedad y lo define como una acción libre, sentida como situada fuera de la vida corriente, sin ningún interés material ni ningún provecho, sometida a reglas, rodeada de misterio y destacada del mundo habitual.

Otra parte esencial del juego es lo lúdico (Youell, 2008). Según Barnett (1990), lo lúdico se define a través de cinco dimensiones: espontaneidad física, espontaneidad social, espontaneidad cognitiva, alegría manifiesta y sentido del humor. Además, no es un rasgo de personalidad ni un estado temporal, sino una característica del desarrollo saludable y el bienestar (Gordon, 2014). Lo lúdico es un fenómeno relacional y un factor importante para la enseñanza y el aprendizaje eficaces, tanto formal como informal (Youell, 2008).

Considerando lo anterior, el aprendizaje lúdico emerge como una pedagogía nueva que tiene muchas ventajas tanto para niños y niñas como para adultos (Ferguson et al., 2019). Siguiendo a Mardell et al. (2023), podemos destacar seis principios fundamentales del aprendizaje lúdico: 1) El juego favorece el aprendizaje; 2) Las paradojas entre el juego y la educación añaden complejidad a la enseñanza y el aprendizaje; 3) El aprendizaje lúdico implica jugar con un propósito; 4) El aprendizaje lúdico es universal, pero depende de la cultura; 5) La mentalidad lúdica es fundamental para el aprendizaje lúdico; y 6) Las culturas escolares favorables permiten que prospere el aprendizaje lúdico.

El aprendizaje lúdico en la educación superior

En la educación superior, el aprendizaje lúdico es un campo científico de creciente interés (Jørgensen et al., 2023). Sin embargo, no es un campo nuevo. Diferentes enfoques lúdicos como los juegos tradicionales, digitales, juegos de rol, juegos de simulación, creación de juegos, gamificación y salas de escape han experimentado un aumento en la última década (Whitton, 2018). Especial atención se ha prestado a las técnicas de gamificación utilizadas para fomentar el compromiso del alumnado, pero centradas principalmente en los resultados, la competición y las recompensas extrínsecas, y, por tanto, en efecto, reproduciendo la instrumentalización de la educación (Nørgård et al., 2017).

No obstante, la literatura sobre los beneficios y las pedagogías del aprendizaje lúdico más allá del enfoque en los resultados y la competición en la enseñanza superior ha ido en aumento. A pesar de ello, el aprendizaje lúdico en la educación superior carece de una base teórica sólida y una definición coherente (Whitton, 2018). Para ofrecer una perspectiva teórica, Nørgård et al. (2017) han utilizado la metáfora del círculo mágico, que denota un espacio de juego separado del mundo real y construido mutuamente; es un espacio de aprendizaje seguro en el que cometer errores, experimentar y explorar. Por otro lado, siguiendo a Whitton (2018), diferentes enfoques pedagógicos que podrían clasificarse como aprendizaje lúdico en el contexto de la enseñanza superior incluyen herramientas u objetos, artefactos y tecnologías que significan un entorno lúdico (por ejemplo, juegos, juguetes, simulaciones, rompecabezas, o entornos virtuales), técnicas o pedagogías y enfoques de aprendizaje que facilitan el juego (juegos de rol, fabricación, problemas, misiones), y finalmente, tácticas que engendran el espíritu lúdico (sorpresa, humor, azar, competición, cuentacuentos, misterio, o insignias).

En cuanto a los beneficios del aprendizaje lúdico en la enseñanza superior, puede aumentar la resistencia física y mental, mejorar la inteligencia social y la flexibilidad cognitiva e intelectual, para que el alumnado afronte mejor el estrés y la ansiedad (Koeners y Francis, 2020). El aprendizaje lúdico también tiene el potencial de facilitar actitudes positivas hacia el fracaso, encarnar un espíritu de juego y experimentación, potenciar la motivación intrínseca, y así fomentar unos espacios de aprendizaje seguros e inclusivos (Whitton, 2018). Además, puede mejorar el compromiso, desarrollar enfoques de aprendizaje multidisciplinares, facilitar un cambio ontológico del alumnado, fomentar el pensamiento creativo y entornos creativos y colaborativos (Rice, 2009), fortalecer el razonamiento crítico y fomentar el debate respetuoso (del Castillo et al., 2025). Sin embargo, a pesar de los varios beneficios, existe un debate continuo en torno a la eficacia y las implicaciones éticas de incorporar el aprendizaje lúdico en la educación superior (Koeners y Francis, 2020).

2. METODOLOGÍA

La muestra de estudio estuvo compuesta por 196 estudiantes: 83 estudiantes del grado de educación primaria, mención en pedagogía terapéutica, y 113 estudiantes del doble grado de educación social y trabajo social. Participó alumnado de 7 asignaturas, 3 de educación primaria y 4 de doble grado, en las que se aplicaron enfoques lúdicos durante los cursos académicos 2021-2022, 2022-2023 y 2023-2024, en el campus Bilbao y el campus San Sebastián de la Universidad de Deusto.

Los procedimientos utilizados han respondido a una metodología mixta mediante la cual se ha recogido información de naturaleza cuantitativa y cualitativa: encuesta escrita, observaciones en clase, y encuestas de satisfacción del alumnado realizadas online al final del curso que evaluaron la satisfacción en una escala de 1 a 5. Dado que los enfoques lúdicos en la evaluación están comenzando a utilizarse en la educación superior (Kim y Rosenheck, 2020), se diseñó un cuestionario en forma de un libro con solapas. El cuestionario constaba de preguntas abiertas, era anónimo y se realizó en la última semana de las asignaturas. La observación, una de las herramientas clave para recopilar datos en la investigación cualitativa (Creswell, 2016), se utilizó en este estudio para entender mejor los beneficios y retos del aprendizaje lúdico desde el punto de vista del alumnado universitario. Siguiendo a Creswell (2016), se desarrolló un protocolo para registrar la información que incluyó notas descriptivas y reflexivas, y se determinó el papel del observador. Los datos cualitativos se analizaron utilizando el análisis temático de Fereday y Muir-Cochrane (2006) y los resultados de cada cohorte se utilizaron para desarrollar y mejorar la investigación. Además, para garantizar la confirmabilidad de los datos y evitar sesgos, la investigación se basó en el principio de reflexividad reconociendo nuestras posiciones, valores, intereses y suposiciones, y de cómo pueden influir en nuestras interpretaciones (Griffiths, 1998).

3. RESULTADOS Y DISCUSIÓN

Respecto a los resultados encontrados, en general, el alumnado coincide en que el aprendizaje lúdico es un elemento positivo para el proceso de aprendizaje y destaca distintos aspectos positivos. El aspecto positivo más destacado es la creatividad. Conforme a lo dispuesto por Bateson y Nettle (2014), parece que el espíritu lúdico está asociado a la creatividad. Otros aspectos positivos destacados incluyen el aprendizaje profundo, la diversión, el dinamismo, el entusiasmo, el positivismo, pasión, disfrute, ganas, la buena relación con la docente, la escucha, el cuidado, confianza y cercanía.

Numerosos alumnos y alumnas encuentran el aprendizaje lúdico útil a nivel práctico. Una persona señala que espera "aplicar los juegos/actividades y dinámicas en mis futuras clases como educadora", y otra muestra que desea "poder acordarme de todos los juegos para mi futura intervención con nenes". Por otro lado, hay quienes lo encuentran útil a nivel pragmático. Una persona destaca "todo el tiempo que he desconectado", y otra que "ha sido una asignatura dinámica y diferente a todo lo que haya visto antes".

Sin embargo, para un reducido número de alumnado no es un elemento positivo, poniendo así de manifiesto lo que Holflod (2023) denomina las tensiones entre el juego, lo lúdico y la educación superior. Algunos señalan: "más trabajar con teoría y menos juegos" y "la clase es muy dinámica, aun así creo que distribuiría mejor el tiempo de las actividades/juego y dejaría otras horas para teoría y profundizar en ello". Además, para un menor número del alumnado elementos como la sorpresa son contraproducentes y en su lugar demandan clases más estructuradas: ("Agregaría un cronograma de clase para saber qué temas se van a trabajar cada día"). De acuerdo con Rice (2009), la evaluación es un punto de especial tensión. El alumnado exige alinear la metodología aplicada con la evaluación llevada a cabo y quiere una evaluación más dinámica.

En línea con King (2018), podemos constatar que las actividades lúdicas no son una sustitución de las actividades no lúdicas, sino una adición. Sobre todo, deben incorporarse de forma equilibrada prestando atención a que haya mucha exposición a tareas prácticas, teoría y otras metodologías, como por ejemplo la señalada por una de las personas, el aprendizaje fuera del aula.

Por último, según nuestros resultados y en línea con investigaciones previas (Whitton y Langan, 2019), el aprendizaje lúdico depende de muchos elementos para su éxito: la cohorte de estudiantes, su contexto, el entorno educativo y la titulación. Por ejemplo, fue mejor recibido por el alumnado de educación primaria que por el de educación social y trabajo social. Fue especialmente valorado positivamente por el alumnado que estaba trabajando o haciendo voluntariado en ese momento como monitoras y monitores con niños y niñas.

Hay varias lecciones que podemos aprender de este estudio. Introducir el aprendizaje lúdico puede ayudar a crear un clima positivo en el aula y motivar al alumnado a participar en tareas que suelen considerarse más aburridas. Sin embargo, hay que tener en cuenta ciertos retos a la hora de aplicar estos resultados: algunas actividades lúdicas pueden requerir más tiempo y muchas requieren una comunicación abierta en clase.

Este estudio reconoce varias limitaciones. En primer lugar, el tipo de muestra utilizado en este estudio (de conveniencia) así como el hecho de que el estudio se realizó en una sola institución, limita la generaliza-bilidad de los resultados. En segundo lugar, aunque la encuesta era anó-nima, es posible que el sesgo de deseabilidad social afecte los resultados. Además, dado que la encuesta era relativamente simplificada, la reali-zación de entrevistas en profundidad, podría ofrecer datos cualitativos más ricos. La investigación futura debería centrarse en los beneficios del aprendizaje lúdico para el alumnado del grado en educación primaria.

4. CONCLUSIONES

Los resultados muestran que el aprendizaje lúdico puede enrique-cer el aprendizaje del alumnado universitario. Es especialmente eficaz para generar un ambiente de creatividad y un espacio positivo y seguro donde las y los estudiantes se sienten libre de experimentar, interactuar, tomar riesgos, y convivir. Sin embargo, debe formar parte de un am-plio abanico de metodologías y pedagogías que permitan al alumnado aprender de distintas maneras.

Por otro lado, más allá de crear entornos que fomenten el aprendi-zaje del alumnado universitario, el aprendizaje lúdico emerge como una herramienta especialmente relevante para estudiantes del grado en educación primaria, mención en pedagogía terapéutica, en su futu-ro trabajo en aulas con una diversidad cada vez mayor. Investigaciones previas muestran que los niños y las niñas con discapacidad participan menos en el juego y el ocio y corren el riesgo de tener dificultades so-ciales y de salud como resultado (Barron et al., 2017). Por lo tanto, es importante formar educadoras y educadores, docentes y pedagogas y pedagogos terapeutas lúdicos que vean el juego como una valiosa experiencia de aprendizaje para el desarrollo integral y estén dispuestas y dispuestos a ofrecer amplias oportunidades de aprendizaje lúdico.

Sin embargo, no todo el alumnado se beneficia de los enfoques lúdicos. En su estudio sobre alumnado universitario de un grado en educación primaria con un enfoque lúdico, Sebastián et al. (2025) afirman que las y los estudiantes pasan por cuatro etapas, desde una resistencia inicial hasta la satisfacción, la integración activa y la transferencia de los conocimientos adquiridos. Para abordar algunas de las tensiones entre el aprendizaje lúdico y la educación superior y alcanzar la etapa de integración activa y transferencia, recomendamos ser explícitos sobre su uso explicando al alumnado sus objetivos, estrategias y beneficios, así como aplicar una evaluación más coherente. No obstante, se necesitan más estudios para descubrir los beneficios del aprendizaje lúdico en la educación superior, con el fin de preparar mejor al profesorado para aplicar esta pedagogía.

REFERENCIAS BIBLIOGRÁFICAS

Barnett, L.A. (1990). Playfulness: Definition, design, and measurement. *Play & Culture*, 3, 319–336. https://psycnet.apa.org/record/1991-11480-001

Barron, C., Beckett, A., Coussens, M., Desoete, A., Jones, N.C., Lynch, H., Prellwitz, M., & Salkeld, D.F. (2017). *Barriers to play for children and young persons with disabilities*. De Gruyter.

Bateson, P., & Nettle, D. (2014). Playfulness, ideas, and creativity: A Survey. *Creativity Research Journal*, 26(2), 219–222. http://dx.doi.org/10.1080/10400 419.2014.901091

Creswell, J.W. (2016). *30 essential skills for the qualitative researcher*. Sage.

del Castillo, S.V., García, R.D., Arcay, L.P., Cortés, E.A., Yesa, S.R., de la Torre, A.U., Martinez, I.B., & Mera, U.O. (2025). Gincana para el estudio de la cardiología: Un viaje lúdico hacia el aprendizaje significativo en el grado en Medicina. *Educación Médica*, 26(2), 100994. https://doi.org/10.1016/j.edumed.2024.100994

European Commission (2024). *Wellbeing and mental health at school: Guidelines for school leaders, teachers and educators.* Publications Office of the European Union.

Fereday, J., & Muir-Cochrane, E. (2006). Demonstrating rigor using thematic analysis: A hybrid approach of inductive and deductive coding and theme development. *International Journal of Qualitative Methods, 5*(1), 80–92. https://doi.org/10.1177/160940690600500107

Ferguson, R., Coughlan, T., Egelandsdal, K., Gaved, M., Herodotou, C., Hillaire, G., Jones, D., Jowers, I., Kukulska-Hulme, A., McAndrew, P., Misiejuk, K., Ness, I. J., Rienties, B., Scanlon, E., Sharples, M., Wasson, B., Weller, M., & Whitelock, D. (2019). *Innovating pedagogy 2019: Open University innovation report 7.* The Open University.

Golinkoff, R.M., Kucirkova, N., & Hirsh-Pasek, K. (2025). Playful learning is the missing link in educational success. *Learning and Instruction, 96*, 102073. https://doi.org/10.1016/j.learninstruc.2024.102073

Gordon, G. (2014). Well played: The origins and future of playfulness. *American Journal of Play, 6*(2), 234–266. https://psycnet.apa.org/record/2014-22060-004

Griffiths, M. (1998). *Educational research for social justice: Getting off the fence.* Open University Press.

Henricks, T. (2008). The nature of play: An overview. *American Journal of Play, 1*, 157–180.

Holflod, K. (2023). Playful learning and boundary-crossing collaboration in higher education: A narrative and synthesising review. *Journal of Further and Higher Education, 47*(4), 465–480. https://doi.org/10.1080/0309877X.2022.2142101

Huizinga, J. (1954/2007). *Homo ludens: A study of the play-element in culture.* Routledge & Kegan Paul.

Jørgensen, H.H., Schrøder, V., & Skovbjerg, H.M. (2023). Playful learning, space and materiality: An integrative literature review. *Scandinavian Journal of Educational Research, 67*(3), 419–432. https://doi.org/10.1080/00313831.2021.2021443

Kim, Y.J., & Rosenheck, L. (2020). Reimagining assessment through play: A case study of metarubric. In M. Bearman, P. Dawson, R. Ajjawi, J. Tai & D. Boud

(Eds.), *Re-imagining university assessment in a digital world. The enabling power of assessment* (Vol 7). Springer.

King, P. (2018). An evaluation of using playful and non-playful tasks when teaching research methods in adult higher education. *Reflective Practice, 19*(5), 666–677. https://doi.org/10.1080/14623943.2018.1538957

Koeners, M.P., & Francis, J. (2020). The physiology of play: Potential relevance for higher education. *International Journal of Play, 9*(1), 143–159. https://doi.org/10.1080/21594937.2020.1720128

Mardell, B., Ryan, J., Krechevsky, M., Baker, M., Schulz, T. S., & Liu-Constant, Y. (2023). *A pedagogy of play: Supporting playful learning in classrooms and schools*. Project Zero.

Nørgård, R.T., Toft-Nielsen, C., & Whitton, N. (2017). Playful learning in higher education: Developing a signature pedagogy. *International Journal of Play, 6*(3), 272–282. https://doi.org/10.1080/21594937.2017.1382997

Piaget, J. (1951/1999). *Play, dreams, and imitation in childhood*. Routledge.

Rice, L. (2009). Playful learning. *Journal for Education in the Built Environment, 4*(2), 94–108. https://doi.org/10.11120/jebe.2009.04020094

Sebastian, C., Vergara, M., Lissi, M.R., Henríquez Pino, C.H., Silva, M., & Pérez-Cotapos, M.A. (2025). Playful stances for developing pre-service teachers' epistemic cognition: Addressing cognitive, emotional, and identity complexities of epistemic change through play. *Learning and Instruction, 95*, 102008. https://doi.org/10.1016/j.learninstruc.2024.102008

UN (1989). *Convention on the rights of the child*. https://www.ohchr.org/en/instruments-mechanisms/instruments/convention-rights-child

Whitebread, D. (2012). *The importance of play: A report on the value of children's play with a series of policy recommendations*. https://www.importanceofplay.eu/wp-content/uploads/2019/11/Dr-David-Whitebread-The-importance-of-play-final.pdf

Whitton, N. (2018). Playful learning: Tools, techniques, and tactics. *Research in Learning Technology, 26*. https://doi.org/10.25304/rlt.v26.2035

Whitton, N. (2022). *Play and learning in adulthood: Reimagining pedagogy and the politics of education*. Palgrave Macmillan.

Whitton, N., & Langan, M. (2019). Fun and games in higher education: An analysis of UK student perspectives. *Teaching in Higher Education, 24*(8), 1000–1013. https://doi.org/10.1080/13562517.2018.1541885

Youell, B. (2008). The importance of play and playfulness. *European Journal of Psychotherapy & Counselling, 10*(2), 121–129. https://dx.doi.org/10.1080/13642530802076193

Capítulo 5

Innovación e inclusión a través de la música en la formación de docentes de Educación Primaria

María Teresa Martín Calé
PDI Departamento Didáctica Integrada, Universidad de Huelva,
teresa.martin@ddi.uhu.es

Antonia De La Torre Rísquez
PDI Departamento Didáctica Integrada, Universidad de Huelva,
antonia.delatorre@ddi.uhu.es

Resumen: Esta propuesta didáctica aplica el modelo de clase invertida (*Flipped Classroom*) en la asignatura de Lenguaje Musical, perteneciente a la mención de Música del Grado en Educación Primaria. Dada la amplitud de los contenidos y la diversidad de niveles entre el alumnado, este enfoque permite reorganizar la materia para que los estudiantes, a través del trabajo autónomo, adquieran nuevos conocimientos o refuercen los ya aprendidos, y posteriormente los trabajen de forma colaborativa en el aula. Para ello, se integran diversas herramientas digitales como PlayPosit, Vimeo y la plataforma YouTube. El objetivo es fomentar un aprendizaje personalizado y accesible para todo el alumnado. El modelo tradicional de enseñanza se transforma así en un enfoque activo, en el que el estudiante se sitúa en el centro del proceso de aprendizaje, desarrollando su autonomía, mientras que el docente asume el rol de guía, responsable de crear materiales de calidad y proporcionar retroalimentación individualizada.

Palabras claves: *Flipped Classroom*, metodología activa, Lenguaje Musical, aprendizaje autónomo, TIC (Tecnologías de la Información y la Comunicación).

1. INTRODUCCIÓN

En el Grado de Educación Primaria, el alumnado puede elegir diferentes itinerarios formativos que le capacitan tanto para ejercer como docente generalista como para especializarse en áreas específicas, tales como Educación Especial, Educación Física o Educación Musical. Dentro de esta última, la asignatura de Lenguaje Musical forma parte del núcleo específico de formación, abordando los principales elementos teóricos y prácticos del lenguaje musical que los futuros docentes especialistas deben dominar.

El perfil del estudiantado que cursa esta asignatura es muy diverso. Muchos acceden con una fuerte motivación por la música, ya sea por formación previa en conservatorios, escuelas de música o por haber adquirido conocimientos de forma autodidacta. Esta diversidad genera una amplia variedad de niveles de competencia musical en el aula, lo cual plantea un desafío significativo par a la enseñanza, ya que dificulta la adaptación de los contenidos a las necesidades individuales.

La Orden ECI/3857/2007, de 27 de diciembre, por la que se establecen los requisitos para la verificación de los títulos universitarios oficiales que habiliten para el ejercicio de la profesión de Maestro en Educación Primaria, en las competencias que los estudiantes deben adquirir, establece "conocer y aplicar en las aulas las tecnologías de la información y comunicación que contribuya a los aprendizajes" (p. 53748). En este contexto, el uso de las metodologías activas y recursos digitales se presenta como una vía eficaz para abordar la heterogeneidad del alumnado.

Tourón (2021) destaca que el uso de tecnologías digitales permite implementar un aprendizaje adaptativo, centrado en el estudiante, que favorece una educación personalizada. En este sentido, el modelo *Flipped Classroom*, o clase invertida se configura como una metodología innovadora que ofrece un espacio de aprendizaje individual fuera del aula, para luego aprovechar el tiempo presencial en actividades colaborativas y de profundización. Este enfoque no solo mejora la comprensión de los contenidos, sino que también promueve el uso pedagógico de las TIC, favoreciendo la autonomía del alumnado.

El rol del docente en este modelo cambia sustancialmente: se convierte en un guía del aprendizaje, responsable de diseñar material de calidad, proporcionar retroalimentación constante y mantener una interacción activa con el alumnado (Álvarez-Ávila et al., 2020). Por su parte, el estudiante asume un papel protagonista en su proceso formativo, construyendo su conocimiento de forma autónoma, lo que implica una mayor participación y responsabilidad personal (Rubia, 2015).

Diversos estudios han demostrado la eficacia del modelo *Flipped Classroom* en la educación superior. Por ejemplo, la investigación de Escudero Fernández (2020) con estudiantes de ingeniería evidenció mejoras significativas frente a la enseñanza tradicional: mayor participación activa, mejor comunicación entre los participantes, organización más clara de los contenidos y un incremento en las calificaciones académicas.

2. PROPUESTA DIDÁCTICA

Para implementar el modelo *Flipped Classroom* en la asignatura de Lenguaje Musical se emplearán las herramientas digitales PlayPosit y Vimeo, abordando todos los contenidos de nivel elemental incluidos en la programación del curso. El docente debe organizar y preparar previamente todo el material necesario para su posterior uso en el aula. A continuación, se describen los pasos a seguir:

1. Registro PlayPosit. El docente crea una cuenta en la plataforma PlayPosit utilizando un correo electrónico, que puede ser personal o corporativo.

2. Elaboración del material. Para la creación de los contenidos se pueden utilizar diversas herramientas. Por ejemplo, Presentaciones Google o PowerPoint sirven para diseñar las diapositivas. Posteriormente, estos materiales pueden convertise en vídeo mediante aplicaciones específicas o bien subirse en formato tex-

to. Vimeo es una opción útil para grabar al docente explicando los contenidos, enriqueciendo así el material audiovisual.

3. Subida y enriquecimiento del material en PlayPosit. El vídeo generado se sube a PlayPosit, donde el docente puede añadir interactividad, incorporando preguntas de respuesta corta, larga o tipo test, asó como elementos sonoros u otros recursos que favorezca la participación activa del alumnado.

4. Compartir el material con el alumnado. Una vez elaborado y enriquecido, el contenido se comparte mediante un enlace en la plataforma educativa del curso o a través de un código QR que dirige directamente al recurso. Para acceder, el estudiante debe identificarse con su nombre y una contraseña proporcionada por el docente, lo que permite registrar quién ha completado la actividad.

5. Retroalimentación (*feed-back*). PlayPosit registra de forma detallada la participación de cada estudiante, incluyendo el tiempo empleado, las respuestas a las preguntas y la cantidad de intentos realizados. Esta información ofrece al docente un *feedback* valioso para adaptar y mejorar la enseñanza (véase Figura 1). Además, el docente puede escribir comentarios personalizados a cada alumno en función de sus resultados, reforzando así la orientación individualizada.

Fuente: PlayPosit

Siguiendo esta propuesta, el alumnado llegará a la clase con los contenidos previamente trabajados, independientemente de su nivel musical, lo que permitirá desarrollar actividades colaborativas durante la sesión presencial. Los estudiantes deben asumir la responsabilidad de realizar el trabajo autónomo previo, siempre bajo la guía del docente y con el apoyo para resolver dudas. De esta forma, el grupo podrá avanzar en el mismo nivel durante las clases presenciales.

En las primeras sesiones, se propone repasar ritmo y lectura musical a través del aprendizaje invertido, abordando conceptos como figuras musicales, el nombre de las notas, su duración y ejemplos de ritmos sencillos. De esta manera, en clase se podrá trabajar directamente en la lectura musical práctica, sin necesidad de dedicar tiempo a explicaciones básicas. Se fomenta que el estudiante sea consciente de su propio nivel y ajuste el tiempo dedicado a las actividades previas según sus necesidades, promoviendo la metacognición y técnicas de estudio autónomo.

3. RESULTADOS

La implementación de esta propuesta didáctica puede generar diversos resultados positivos en el proceso de enseñanza-aprendizaje. En primer lugar, se logra un proceso formativo concreto y significativo, que resulta de interés para el alumnado. Además, se fomenta la creatividad y se propicia la creación de un contexto educativo alternativo y dinámico.

La evaluación se concibe como una fuente continua de aprendizaje, integrando el uso de tecnologías de la información y la comunicación (TIC) para favorecer un entorno activo y motivador. Esta metodología permite una interiorización más equitativa de los contenidos, adaptándose a las necesidades y características personales de cada estudiante.

El modelo genera espacios que facilitan la reflexión del estudiante sobre su propio aprendizaje, priorizando los contenidos esenciales y organizándolos de manera coherente. Asimismo, ofrece distintas formas de abordar y demostrar el dominio de los contenidos, promoviendo una educación personalizada.

El docente asume un rol de acompañamiento, brindando retroalimentación individual y grupal, así como realizando evaluaciones y registros de observación en el aula que complementan y enriquecen la instrucción (Sams et al., 2015).

4. PROSPECTIVA

Este modelo *Flipped-classroom* puede implementase con éxito en otras asignaturas específicas de la mención en Educación Musical que requieran la adquisición previa de conocimientos teóricos, así como en áreas con características similares, como Formación Instrumental, para la explicación de técnicas instrumentales, o en asignaturas como Cantar en la Escuela, donde se facilite la realización de ejercicios vocales.

Además, esta metodología ofrece al alumnado acceso anticipado a los contenidos de aprendizaje, generalmente a través de vídeos, lo que permite que cada estudiante avance a su propio ritmo. Este enfoque rompe con el modelo tradicional de enseñanza, favoreciendo una metodología activa y participativa que integra diversas estrategias pedagógicas y el uso de las tecnologías de la información y la comunicación (TIC) (Palazón-Herrera, 2018).

Cuando el estudiante toma conciencia de los contenidos adquiridos y de su propio proceso de aprendizaje, se está promoviendo la metacognición. La combinación de estrategias cognitivas y metacognitivas, junto con la motivación, contribuye significativamente a que el alumnado se comprometa y se esfuerce en la realización de las tareas asignadas (Casado Goti, 1998).

La implementación y evaluación de esta propuesta didáctica constituirá una valiosa fuente de información para el desarrollo futuro de la asignatura de Lenguaje Musical en el Grado de Educación Primaria.

5. CONCLUSIONES

El modelo *Flipped Classroom* no se limita a trasladar las actividades al hogar, sino que implica un aprendizaje invertido que transforma el aula en un espacio dinámico e interactivo, donde el docente actúa como guía en la adquisición de los contenidos. Este enfoque promueve tanto el trabajo colaborativo como el individual, permitiendo que el estudiante decida cuándo y dónde aprender, convirtiéndose así en el centro del proceso educativo. Para ello, es fundamental que el alumnado se involucre activamente y participe en su propio aprendizaje, haciéndolo significativo (Sams et al., 2015).

El rol del docente también experimenta un cambio importante. Más allá de demostrar competencia en el uso de las TIC, la elaboración del material para este modelo requiere una inversión considerable de tiempo y flexibilidad, junto con una constante autoevaluación para identificar qué funciona y qué debe ajustarse. Además, el profesor debe preparar cuidadosamente todos los recursos previos y organizar los contenidos de manera exhaustiva. La interacción entre estudiantes y docentes, tanto dentro como fuera del aula, favorece la participación y motiva al alumnado en su proceso de aprendizaje (Escudero Fernández, 2020).

Con esta propuesta didáctica se busca minimizar las diferencias de nivel en el aula de Lenguaje Musical, dado que la asignatura está abierta a estudiantes con o sin conocimientos musicales previos. La implementación del modelo *Flipped Classroom* y el uso de las TIC pueden contribuir a una educación personalizada, activa y creativa, donde todos los alumnos adquieran los contenidos de forma adecuada y participativa. Asimismo, este enfoque fomenta la autonomía y la conciencia sobre el propio aprendizaje, además de introducir a futuros docentes en metodologías innovadoras que enriquecen su formación en el Grado de Educación Primaria.

REFERENCIAS BIBLIOGRÁFICAS

Álvarez-Ávila, L. I., Garcia-Herrera, D. G., Cárdenas-Cordero, N. M., & Erazo-Álvarez, J. C. (2020). Flipped Classroom y el valor de la responsabilidad. *Revista Arbitrada Interdisciplinaria Koinonía, 5*(1), 449. https://doi.org/10.35381/r.k.v5i1.792

Casado Goti, M. (1998). Metacognición y motivación en el aula. *Revista de Psicodidáctica.*

Escudero Fernández, S. (2020). Flipped Classroom: Aplicación práctica empleando Lessons en las prácticas de laboratorio de una asignatura de Ingeniería = Flipped Classroom: practical application using Lessons in lab practice for an Engineering subject. *ArDIn. Arte, Diseño e Ingeniería, 9,* 27. https://doi.org/10.20868/ardin.2020.9.4120

Orden ECI/3857/2007, de 27 de diciembre, por la que se establecen los requisitos para la verificación de los títulos universitarios oficiales que habiliten para el ejercicio de la profesión de Maestro en Educación Primaria. *Boletín Oficial del Estado, núm. 312,* de 29 de diciembre de 2007, 53747-53750. https://www.boe.es/eli/es/o/2007/12/27/eci3857

Palazón-Herrera, J. (2018). Audiovisuals for instrumental practice in a flipped classroom setting. In *Revista Electronica de LEEME* (Issue 42, pp. 54–69). Universitat de Valencia, Faculty of Teaching. https://doi.org/10.7203/LEEME.42.13055

Rubia, F. A. (2015). Invertir la clase tradicional: The Flipped Classroom. Cómo convertir la escuela en un espacio de aprendizaje Tourón, Javier; Santiago, Raúl y Díez, Alicia Digital Text Barcelona, 2014. *Forum Aragón: Revista Digital de FEAE-Aragón Sobre Organización y Gestión Educativa, 14,* 68.

Sams, A., Bergmann, J., Daniels, K., Bennett, B., & Marshall, H. W. (2015). *¿Qué es el "aprendizaje invertido" o flipped learning ?* www.flippedlearning.com/definition

Tourón, J. (2021). El modelo flipped classroom: un reto para una enseñanza centrada en el alumno. *Revista de Educación.*

Capítulo 6

Aprendizaje-Servicio: Economía para todas las personas

Marta Camaño Amado
Universidade de Santiago de Compostela, marta.camano@rai.usc.es

Isabel Dans Álvarez de Sotomayor
Universidade de Santiago de Compostela, isabel.dans@usc.es

Resumen: La economía es una competencia ciudadana global, pues su carácter transversal implica que forme parte de la vida cotidiana de todas las personas. En ocasiones, las personas con diversidad intelectual no tienen la oportunidad de recibir una formación básica en conceptos económicos, lo que resulta una limitación adicional en su desarrollo autónomo. Ante esta situación, se propone una colaboración entre el alumnado de la asignatura "Economía y Emprendimiento", que se cursa en 4º de Educación Secundaria Obligatoria (ESO) en un centro educativo de Galicia y el centro ocupacional Juan XXIII, dedicado a personas con diversidad intelectual y perteneciente al mismo ayuntamiento. Empleando la metodología Aprendizaje-Servicio, el objetivo de este proyecto es acercar al alumnado participante a las realidades de su entorno mientras experimenta un aprendizaje significativo de diferentes contenidos económicos establecidos en el currículo de la ESO (Decreto 156/2022). Para conseguirlo, a partir de las necesidades trasladadas por el centro ocupacional, el alumnado ha diseñado diversas actividades sobre contenidos de interés para favorecer una autonomía cotidiana, que han sido realizadas en dos jornadas intercentros. Como resultado, se ha realizado un aprendizaje conjunto y transversal, destacando, además de los contenidos trabajados, el desarrollo personal que supone responsabilizarse de una educación inclusiva.

Palabras clave: economía, emprendimiento, inclusión social, aprendizaje-servicio, diversidad intelectual.

1. INTRODUCCIÓN

La ciudadanía toma decisiones económicas a diario. Sus acciones, además, se ven condicionadas por un contexto socioeconómico determinado, por lo que se puede establecer que la sociedad se encuentra sumergida en una vida económica. Esta circunstancia muestra la relevancia que presentan los conocimientos económicos y financieros básicos en el transcurso vital, lo que se puede incluso considerar una competencia ciudadana global (Murillo y del Rosal, 2016). En ocasiones, las personas con diversidad intelectual no tienen la oportunidad de recibir una formación básica en este campo, dando lugar a una mayor limitación en su desarrollo autónomo (Negri, 2016). Ante esta situación surge el proyecto de innovación e inclusión educativa aquí expuesto, desarrollado en el *prácticum* del Máster en Profesorado de la Universidad de Santiago de Compostela (USC). Este consiste, a través de la metodología Aprendizaje-Servicio, en una colaboración entre el alumnado de la asignatura "Economía y Emprendimiento", cursada en 4º de ESO en un centro educativo de la provincia de Pontevedra, y uno de los centros ocupacionales de la Asociación Juan XXIII, dedicada a personas con diversidad intelectual. Su principal objetivo ha sido involucrar al alumnado participante con las realidades de su entorno mientras experimenta un aprendizaje significativo de múltiples contenidos establecidos en el currículo de la ESO (Gómez, 2021). Para ello, el alumnado ha diseñado diversas actividades basadas en cuestiones económicas y las ha realizado con los miembros del centro ocupacional en dos jornadas intercentros.

En conjunto, *Economía para todas las personas* resulta una oportunidad enriquecedora para los agentes participantes, pues permite el aprendizaje del alumnado, el desarrollo profesional del profesorado responsable y un incremento de los conocimientos y de la integración social de los miembros del centro ocupacional, a través de una educación inclusiva y en valores para todas las personas.

Aprendizaje-servicio: una metodología para la inclusión

Como ciencia social, la Educación se encuentra en una fase de constante evolución y adaptación a los cambios socioculturales y tecnológicos. En este contexto de transformación, la investigación y la innovación educativas presentan una relevancia creciente, al formar parte de la adecuación de los procesos de enseñanza-aprendizaje a la actualidad. En términos generales, la innovación educativa consiste en la realización de una serie de cambios en el proceso didáctico que buscan mejorar los resultados de aprendizaje (Sein et al., 2013). Por tanto, se trata de un proceso continuado, intencional y significativo, adaptado a un determinado contexto institucional y social, que busca dar respuesta a una serie de necesidades (Juárez, 2011). Si bien existen una gran cantidad de metodologías educativas innovadoras, se hará hincapié en aquella que sienta las bases de este proyecto: el Aprendizaje-Servicio (ApS).

Esta metodología permite al alumnado afianzar los conocimientos adquiridos en una materia y transferirlos a una situación real de necesidad, al mismo tiempo que se realiza un servicio a la comunidad (Gómez, 2021). Así, repercute positivamente en el desarrollo personal de los agentes participantes, en las instituciones educativas y sociales que la impulsan y en la comunidad a la que se enfoca el servicio realizado, produciendo un valor real (Dans y Muñoz, 2023). El ApS resulta, por tanto, una herramienta educativa y social que busca una educación en valores más allá de contenidos curriculares, con el objetivo de formar una ciudadanía democrática y comprometida con el entorno. En consecuencia, también contribuye a la alineación de la Educación hacia los Objetivos de Desarrollo Sostenible (ODS) (Batlle, 2020). Se trata de un reto necesario en la Educación que nuestra sociedad demanda.

Inclusión socioeducativa

El segundo gran eje de este proyecto es la inclusión socioeducativa de personas con diversidad intelectual, colectivo que aún sufre múltiples discriminaciones que reducen sus derechos. En la búsqueda de una inclusión social plena, resulta necesario potenciar su participación social, su vida independiente y la igualdad de oportunidades, pasando de un papel tradicionalmente pasivo a uno activo y participativo dentro de la sociedad (Negri, 2016). Bajo esta premisa, la inclusión social de este colectivo debe englobar múltiples dimensiones, como la laboral, la educativa o la económica. En el primer caso, un empleo, además de una fuente de ingresos, supone una oportunidad de desarrollo personal que contribuye a una vida plena e integrada en la sociedad. En España, la tasa de desempleo de las personas con diversidad funcional se situaba en 2022 en un 21,4%, alejada más de ocho puntos porcentuales respecto a la misma tasa en las personas sin diversidades (INE, 2023). Sin embargo, cabe destacar un leve incremento en la contratación de personas con diversidad funcional durante ese mismo año, resultando los centros especiales de empleo responsables de más de un cuarto de los contratos (Fundación ONCE, 2023), hecho que viene respaldado por medidas legislativas como los Reales Decretos Legislativos 1/2013 y 5/2015.

Desde una perspectiva de género, las mujeres con diversidad funcional sufren una doble discriminación, favorecida por los estereotipos tradicionales sobre el papel de la mujer a nivel laboral o doméstico. Esta circunstancia contribuye negativamente a la inserción laboral de la mujer con alguna diversidad funcional tanto en el plano social como individual, pues también deteriora la auto-percepción y la autoestima (Mariño y González, 2020).

Es necesario tener presente que la integración laboral comienza por la formación, y en España existen diferentes modelos educativos. Por un lado, la LOMLOE (2022) contempla la atención a las necesidades educativas específicas, resultando el profesorado el responsable de la atención a la diversidad (LOMLOE, art. 21; art. 75). Así mismo, los centros de educación especial se dirigen al alumnado con necesidades educativas especiales que no se pueden acoger en las medidas de atención a la diversidad de los centros ordinarios. Existe un amplio debate sobre la consideración de estos modelos como segregadores o compatibles para el alumnado con condiciones específicas de desarrollo, pues los centros ordinarios no disponen de los recursos necesarios para atender sus necesidades básicas (Amiama, 2020). Más allá de esta dicotomía, resulta innegable que un entorno inclusivo dentro de las instituciones educativas presenta una gran relevancia no solo para el alumnado diverso, sino para el desarrollo social general, fomentando la igualdad de oportunidades y la convivencia sana.

Por último, relacionado con la formación se encuentra el tercer eje de esta propuesta: la Economía. Esta ciencia está presente en prácticamente cualquier aspecto cotidiano: desde la obtención de una fuente de ingresos hasta la tributación. Esta universalidad de decisiones económicas a lo largo de la vida muestra la importancia de unos conocimientos económicos básicos para poder entender y participar, de una forma más libre y crítica, dentro de la sociedad (Sampedro, 2015).

Proyecto aprendizaje-servicio: economía para todas las personas

Economía para todas las personas se enmarca en una línea de innovación educativa e inclusión social, puesto que, a través de la metodología de innovación educativa Aprendizaje-Servicio (ApS), se coopera con la Asociación Juan XXIII, entidad sin ánimo de lucro dedicada al desarrollo e inclusión de personas con diversidad intelectual. Este proyecto consiste en una colaboración entre alumnado y profesorado de la asignatura "Economía y Emprendimiento", cursada en 4º de ESO en un instituto de la provincia de Pontevedra, y uno de los centros ocupacionales de la Asociación Juan XXIII.

En ocasiones, las personas con diversidad intelectual no tienen la oportunidad de recibir una formación básica en cuestiones económicas, lo que puede resultar una limitación adicional en su desarrollo autónomo. Ante esta situación, se ha buscado vincular los contenidos de la materia con las necesidades de los miembros del centro ocupacional a través de una propuesta colaborativa.

Objetivos

El alumnado de la asignatura "Economía y Emprendimiento" ha seleccionado y adaptado diversos contenidos económicos de utilidad y, a partir de estos, ha diseñado una serie de actividades que facilitan su asimilación. Estas han sido desarrolladas conjuntamente con las personas usuarias del centro ocupacional en dos encuentros realizados en el instituto. Así, este proyecto presenta un doble objetivo. Por un lado, se ha buscado acercar al alumnado participante a un aprendizaje significativo de diferentes contenidos económicos establecidos en el currículo de la ESO (Decreto 156/2022), a través de la realización de un proyecto ApS que permite la concienciación sobre las realidades de su entorno. Así mismo, se ha pretendido compartir conocimientos en materia económica y de utilidad para la vida cotidiana entre las personas usuarias del centro ocupacional participante y el alumnado, tratando de realizar un impacto positivo en la comunidad.

Conjuntamente, los objetivos se podrían sintetizar en los siguientes puntos:

1. Aprender Economía para enseñar a otras personas valorando el alcance del aprendizaje escolar como servicio social.

2. Acceder a conocimientos económicos útiles para la vida diaria del alumnado adulto con diversidad intelectual.

3. Integrar el aprendizaje en contacto con la realidad como una capacitación completa, que incluya competencias emocionales, sociales y cívicas.

2. METODOLOGÍA

En este proyecto se ha empleado la metodología de innovación educativa ApS, basada en un enfoque constructivista a través del cual el alumnado ha trabajado en equipo de forma activa y colaborativa. Esta metodología, además de resultar una oportunidad de desarrollo académico y personal (Dans y Muñoz, 2023), contribuye a la adquisición de las competencias clave recomendadas por la Unión Europea (Consejo de la Unión Europea, 2018), y establece una conexión directa con los ODS 4, 8, 9 y 10 (Batlle, 2020). En conjunto, se ha buscado desarrollar situaciones de aprendizaje con personas con diversidad intelectual.

Diseño

Esta propuesta se ha llevado a cabo en tres etapas: planificación, desarrollo y evaluación. Comenzando por el proceso de planificación, se han realizado diversas reuniones con los centros participantes, en las que se han trasladado las necesidades de cada uno y se han acordado el número de participantes y las fechas de realización del proyecto. Así mismo, se ha obtenido la autorización del Comité de Bioética de la USC para este Trabajo. También se han diseñado y aplicado diversos documentos de consentimiento informado y protección de datos para todas las personas participantes en el proyecto, adaptados a una lectura fácil en el caso de las personas con diversidad intelectual. Por último, se ha realizado una visita del alumnado participante al centro ocupacional.

El desarrollo del proyecto se ha dividido en dos fases: el diseño de actividades y su realización conjunta. Para diseñar las actividades, se ha agrupado al alumnado en cuatro equipos, simulando una estructura empresarial por departamentos (dptos.), y se les ha otorgado una temática general de carácter económico: la gestión presupuestaria (dpto. de Contabilidad), el dinero bancario (dpto. de Compras), los procesos de selección de personal (dpto. de Recursos Humanos) y las monedas y billetes (dpto. de Finanzas). A partir de las necesidades trasladadas por el centro Juan XXIII, cada grupo se ha encargado de seleccionar aquellos contenidos de mayor interés y de diseñar una actividad dinámica, adaptada y orientada a la adquisición de conocimientos económicos, con la finalidad de llevarla a cabo durante las jornadas conjuntas.

Estas actividades han sido realizadas en dos encuentros intercentros, en los que han visitado el instituto dos grupos de participantes del centro ocupacional, de cuatro y cinco personas, respectivamente. En dichas jornadas, de 50 minutos de duración, cada equipo de estudiantes ha sido el encargado de guiar el desarrollo de su actividad propuesta, bajo supervisión y mediación de las personas responsables del proyecto. Los miembros del centro Juan XXIII se han integrado dentro de los equipos, dando lugar a un aprendizaje conjunto y al intercambio de ideas.

En cuanto a las actividades diseñadas, el dpto. de Recursos Humanos ha elaborado una plantilla de currículum vítae que ha enseñado a cubrir y ha realizado un juego de rol simulando una entrevista de trabajo, en la que han participado voluntariamente todas las personas asistentes del centro ocupacional. El dpto. de Compras, por su parte, ha diseñado una serie de tarjetas de cartón simulando los diferentes tipos de tarjetas bancarias y ha explicado la utilidad y las formas de recargar o extraer saldo de cada una. El dpto. de Contabilidad ha propuesto una actividad de gestión presupuestaria, en la que el resto de los grupos debía clasificar diferentes tipos de gastos mensuales y tratar de conseguir ahorrar. Por último, el grupo de Finanzas ha diseñado, con tarjetas de papel, un juego de memoria con las principales divisas. También ha traído al aula monedas y billetes de otros países para apreciar con los sentidos sus diferencias respecto al euro.

Evaluación

Como evaluación del proyecto, se ha optado por la aplicación de un cuestionario anónimo *Pretest-Postest* al alumnado participante -con el objetivo de valorar cambios en su percepción-, acompañado por una entrevista semiestructurada grupal final y un ejercicio de autoevaluación reflexiva. Entre los resultados más destacables se encuentran una fuerte caída del porcentaje de alumnado que cree que las personas con diversidad intelectual presenta gustos muy diferentes a los suyos (del 31% al 8%), así como del alumnado que siente pena hacia el colectivo (de un 38% a un 15%); un aumento de la motivación con la asignatura (de un 81% a un 92%) y un incremento del porcentaje de personas que consideran que el proyecto beneficia a la sociedad (de un 94% a un 100%). Además, el alumnado ha valorado positivamente el trabajo en equipo y la estimulación que ha supuesto el proyecto, afirmando que ha alcanzado sus expectativas. Así mismo, también considera que ha adquirido nuevos conocimientos sobre los que no se había profundizado previamente en el aula. Por último, como propuesta de mejora, las personas participantes consideran que habría sido beneficioso haber contado con un mayor tiempo de interacción con los miembros del centro ocupacional.

3. CONCLUSIONES

El carácter transversal de la metodología ApS permite una adquisición de conocimientos y competencias al alumnado que ahonda, más allá de su formación, en su desarrollo personal. Al mismo tiempo, se ven beneficiadas tanto la comunidad a la que se enfoca el servicio realizado como las instituciones educativas y sociales que impulsan este tipo de colaboraciones.

Economía para todas las personas ha consistido en una propuesta de ApS en la que el alumnado de Economía y Emprendimiento de 4º de ESO ha diseñado diversas actividades sobre cuestiones económicas de utilidad en la vida diaria, que posteriormente ha compartido en dos jornadas intercentros con uno de los centros ocupacionales de la Asociación Juan XXIII, dedicada a la diversidad intelectual. Cabe destacar que las características de esta propuesta reflejan su posibilidad de perdurar en el tiempo y su sostenibilidad, al presentar unos costes perfectamente asumibles en ambos centros.

Este trabajo ha supuesto una alta motivación para los adolescentes en la línea de otras experiencias similares (Gamito et al., 2021). Las relaciones entre los grupos participantes en contextos muy diversos han sido sumamente enriquecedoras, según describen las narrativas de ambos y de su profesorado. Se trata de una iniciativa que concreta la educación inclusiva gracias al contacto con la realidad de la economía, la enseñanza-aprendizaje y la relación entre adolescentes y adultos. La inversión en la competencia socioemocional contribuye al desarrollo personal y a una educación en la sensibilidad social, tal como señalan otros estudios (Cebollero, 2021).

En conjunto, ha resultado una experiencia excepcional, derribadora de prejuicios y en la que el alumnado ha conseguido adquirir nuevos conocimientos nuevos y desarrollar competencias a través de la inmersión en su realidad local. Por lo tanto, se ha realizado un aprendizaje conjunto y transversal, destacando no solo los contenidos económicos incluidos en el currículo y las actividades, sino también el desarrollo personal que supone responsabilizarse de una educación inclusiva.

REFERENCIAS BIBLIOGRÁFICAS

Amiama, C. (2020). Desafíos de la Educación Especial en el desarrollo de escuelas inclusivas. *Ciencia y Educación, 4*(3), 133-143. https://doi.org/10.22206/cyed.2020.v4i3.pp133-143

Batlle, R. (2020). *Aprendizaje-Servicio. Compromiso social en la acción.* Santillana Educación.

Cebollero Salinas, A. (2021). Aprendizaje socioemocional en la comunicación online a través de la metodología de Aprendizaje-Servicio en adolescentes. *Edutec (78),* 196–210. https://doi.org/10.21556/edutec.2021.78.2193

Consejo de la Unión Europea. (2018). Recomendación del Consejo relativa a las competencias clave para el aprendizaje permanente. *Diario Oficial de la Unión Europea*. https://bitly.cx/1EE8

Dans, I. y Muñoz, P.C. (2023). Prácticas transformadoras en la formación inicial del profesorado mediante aprendizaje-servicio. En Ruiz, R. (Ed.) *La alfabetización mediática y digital en el curriculum. Propuestas didácticas transformadoras* (99-107). Dykinson.

Decreto 156/2022, de 15 de septiembre, por el que se establecen la ordenación y el currículo de la educación secundaria obligatoria en la Comunidad Autónoma de Galicia. https://bitly.cx/zJui2

Fundación ONCE. (28 de Abril de 2023). Solo una de cada cuatro personas con discapacidad en España tiene un empleo. *Fundación ONCE*. https://bitly. cx/ZAF1G.

Gamito, R., Hermoso, E., Leon, I., & Bilbao, L. (2021). Aprendizaje-Servicio para acercar la robótica educativa a las personas con parálisis cerebral y promover las competencias docentes. *Edutcc, (78)*, 114-130. https://doi. org/10.21556/edutec.2021.78.2213

Gómez, M. (2021). Acercamiento al Aprendizaje Servicio Solidario desde las titulaciones de Educación. En R. Martín, M. Á. Marcos y F. Gomes (Eds.), *Innovación educativa: avances desde la investigación* (147-168). Dykinson.

INE. (20 de Diciembre de 2023). *El Empleo de las Personas con Discapacidad. Año 2022.* https://www.ine.es/prensa/epd_2022.pdf

Juárez, M.; Rasskin, I; Mendo, S. (2019). El aprendizaje cooperativo, una metodología activa para la educación del siglo XXI: Una revisión bibliográfica. *Revista Prisma Social, (26)*, 200-210

Ley Orgánica 3/2020, de 29 de diciembre, por la que se modifica la Ley Orgánica 2/2006, de 3 de mayo, de Educación. https://www.boe.es/eli/es/lo/2020/12/29/3

Mariño, R., y González, G. (2020). Inserción laboral y diversidad funcional: un estudio compostelano con perspectiva de género. *Revista Internacional de Comunicación y Desarrollo, 3*(13), 110-120. https://doi.org/10.15304/ricd.3.13.7264

Murillo, J., y del Rosal, M. (2016). Veinte años de enseñanza de la economía en la educación secundaria en España. *Revista De Economía Crítica, 1*(21), 112–129. https://www.revistaeconomiacritica.org/index.php/rec/article/view/50

Negri, M. I. (2016). *Formación e inserción socio-laboral de jóvenes con diversidad funcional intelectual. Una perspectiva pedagógica inclusiva.* [Tesis doctoral, Universidad de Málaga]. Repositorio institucional de la Universidad de Málaga.

Real Decreto Legislativo 1/2013, de 29 de noviembre, por el que se aprueba el Texto Refundido de la Ley General de derechos de las personas con discapacidad y de su inclusión social. https://www.boe.es/eli/es/rdlg/2013/11/29/1/ con

Real Decreto Legislativo 5/2015, de 30 de octubre, por el que se aprueba el texto refundido de la Ley del Estatuto Básico del Empleado Público. https://www.boe.es/eli/es/rdlg/2015/10/30/5/con

Sampedro, J.L. (2015). *Economía eres tú.* Ediciones Lentas.

Sein, M., Fidalgo, Á., y García, F. (2014). Buenas prácticas de Innovación Educativa: Artículos seleccionados del II Congreso Internacional sobre Aprendizaje, Innovación y Competitividad, CINAIC 2013. *Revista de Educación a Distancia, 44.* https://www.um.es/ead/red/44/

Capítulo 7

Aprendizaje-Servicio (ApS) universitario para la inclusión socio-digital y sus resultados (in)esperados

Mar Beneyto-Seoane
Universidad de Vic-Universidad Central de Cataluña, mar.beneyto@uvic.cat

Carles Bosch
Universidad de Vic-Universidad Central de Cataluña, carles.bosch@uvic.cat

Resumen: Este capítulo explora los resultados obtenidos de la implementación de tres propuestas de Aprendizaje-Servicio (ApS) universitarias, con un enfoque en la inclusión digital y perspectiva de género interseccional. A través del Laboratorio de Innovación Social y Digital (LISD), y una asignatura del Grado de Educación Social de la Universidad de Vic, se han desarrollado tres propuestas ApS que abordan desigualdades digitales mediante proyectos socioeducativos. Los proyectos presentados implican la participación activa de 24 estudiantes universitarios, 6 profesionales y 37 personas de tres entidades distintas, destacando la sinergia entre la teoría académica y la práctica real. Las fases del trabajo incluyen investigación inicial, planificación, implementación y evaluación, fomentando una integración de la tecnología en el ámbito social. Los resultados, tanto los esperados como los inesperados, reflejan una mejora en las competencias digitales y una mayor relación social, subrayando la importancia de la colaboración interdisciplinaria para abordar desafíos digitales y sociales. Las experiencias ofrecen aprendizajes para futuras implementaciones de ApS y proporcionan un modelo para enfrentar desigualdades digitales en contextos educativos y comunitarios.

Palabras clave: Aprendizaje-servicio, interseccionalidad, brecha digital, universidad, comunidad, educación social

1. INTRODUCCIÓN

El Aprendizaje-Servicio (ApS) ha ganado reconocimiento en el ámbito universitario (Bär Kwast et al., 2021). El ApS es una metodología educativa que combina el aprendizaje académico con el servicio comunitario en contextos próximos y reales, y con la intención de contribuir al bienestar de la comunidad (Puig et al., 2006), permitiendo a los estudiantes aplicar los conocimientos teóricos que aprenden en las aulas universitarias (Tapia, 2000), promoviendo el trabajo en equipo, la responsabilidad social, la empatía y el liderazgo, y reforzando el papel de las instituciones educativas como agentes de cambio social (Bosch et al., 2009).

Los estudios sobre ApS coinciden en que este enfoque tiene un impacto positivo tanto en los estudiantes -comprensión de los contenidos académicos, responsabilidad social, habilidades interpersonales, valores democráticos y socialización política- (Roldan et al., 2004; Santos Rego et al., 2016; Winterbottom et al., 2013) como en las comunidades -ayuda mutua, inclusión social y cohesión comunitaria- (Balciuniene y Mazeikiene, 2008; García Pérez et al., 2016; Ribeiro et al., 2021).

Este capítulo describe los resultados (in)esperados de tres experiencias de ApS universitarias, centradas en la integración de la tecnología digital en proyectos sociales para la inclusión digital. Los objetivos que se han planteado en la realización de estas experiencias son: integrar la tecnología digital en proyectos sociales; promover la inclusión digital y la participación comunitaria; conocer el impacto en el desarrollo de habilidades sociales y digitales en los participantes; e involucrar a los participantes en el diseño y ejecución de las acciones.

Considerando estas intenciones, a continuación, se analizarán las experiencias de ApS, explorando los contextos, las metodologías y los resultados obtenidos; se discutirá cómo estos proyectos han contribuido a la formación de los estudiantes y al fortalecimiento de los lazos entre la universidad y la comunidad; y se expondrán aquellos elementos significativos para los agentes implicados y que no se habían previsto previamente.

Contexto de las tres propuestas de ApS universitarias

Las propuestas de ApS presentadas están vinculadas a la asignatura "Proyectos Sociales y Tecnologías de la Información y la Comunicación" del tercer curso del Grado de Educación Social, y se han realizado en colaboración con el Laboratorio de Innovación Social y Digital (LISD), ambos de la Universidad de Vic-Universidad Central de Cataluña (UVic-UCC). La asignatura principalmente busca que el alumnado sea capaz de abordar las desigualdades sociodigitales desde el ámbito de la educación social. A través de la recogida y análisis de datos cuantitativos y cualitativos, el LISD realiza un estudio sobre la situación sociodigital de la población (Beneyto-Seoane et al., 2023). Con los datos analizados y la colaboración de los agentes participantes, diseña, construye y desarrolla propuestas y actividades que pretenden mejorar el acceso y la competencia digital de las personas, ya sea a través de experiencias de ApS, talleres o formaciones.

La asignatura y el LISD comparten una relación bidireccional que enriquece y amplifica a ambas partes. Por un lado, el enfoque de análisis e identificación de desigualdades digitales del LISD proporciona una base de información actualizada a la asignatura, lo que enriquece su contenido y permite al alumnado acceder a conocimientos y recursos actuales. Además, incentivan al alumnado a pensar y desarrollar soluciones para desafíos sociodigitales reales. Por otro lado, las acciones que se desarrollan desde la asignatura permiten al LISD responder a las demandas de mejora sociodigital que le realiza la comunidad, implementando proyectos sostenibles que abordan las brechas digitales y promueven la inclusión digital. Esta sinergia fomenta un entorno de aprendizaje continuo, donde la investigación, la teoría y la práctica se retroalimentan constantemente, y fortalece la responsabilidad social con el territorio y la comunidad.

2. METODOLOGÍA

En las propuestas de ApS presentadas han intervenido el equipo investigador del LISD encargado de la investigación de las necesidades sociodigitales y la orientación de las propuestas desde una mirada científica; veinticuatro estudiantes universitarios encargados del desarrollo de las propuestas de ApS; seis profesionales de las entidades que aportaron su experiencia y orientación; treinta y siete personas de la comunidad que aseguraron que las propuestas de ApS respondieran de forma ajustada a las necesidades locales; y el profesorado de la asignatura que supervisó el proceso educativo y metodológico del ApS.

El proyecto compartido se ha estructurado en cuatro fases, las cuales son:

- Investigación inicial (septiembre 2023 - enero 2024): recogida y análisis de datos sobre el acceso digital de la población, competencias, motivaciones y limitaciones, e identificación de las necesidades y desigualdades sociodigitales, para la evaluación inicial y diagnóstico. En esta fase, las entidades participantes hicieron una demanda sociodigital al LISD que se transformó en el reto al cual se debería poder dar respuesta a través de las propuestas de ApS.

- Planificación de las acciones de ApS (febrero 2024): a partir de las necesidades y los retos sociodigitales de la comunidad identificados se concretó el reto sociodigital. Los estudiantes indagaron sobre las necesidades y las características de la entidad, y diseñaron una primera propuesta de actuación.

- Implementación de las acciones (marzo - mayo 2024): los estudiantes aplicaron sus conocimientos teóricos en contextos prácticos dando respuesta al reto. En esta fase, se produjeron numerosos procesos de evaluación y autorregulación, donde los estudiantes replanificaron las acciones con la intención de ajustarse al proceso.

- Evaluación del impacto del proyecto (junio - julio 2024): se realizó un grupo de discusión (Bisquerra, 2004; Quintanal y García, 2012) con los seis profesionales de las tres entidades, tres con quince personas usuarias de las diferentes entidades (un grupo de discusión por institución), y se distribuyó una encuesta (Cohen et al., 2017; Rodríguez et al., 1999) a los 24 estudiantes. Las cuestiones de los grupos de discusión y la encuesta estaban vinculadas a las competencias sociales y digitales desarrolladas a partir de la participación en las propuestas de ApS. Los datos recogidos fueron triangulados y contrastados y, posteriormente, analizados para conocer el impacto de las propuestas de ApS.

Para comprender los resultados sobre el impacto de las propuestas de ApS en las personas participantes, a continuación, se presentan las tres experiencias de ApS realizadas según entidad colaboradora, los participantes y el reto sociodigital planteado.

Trayectorias de éxito

El ApS "Trayectorias de éxito" se desarrolló en colaboración con el proyecto 9aVic [Nuevo en Vic] del VicJove, un servicio de la Oficina Municipal de Juventud de la ciudad de Vic (Barcelona), un proyecto de bienvenida a jóvenes recién llegados a la ciudad, de entre 16 y 21 años y de orígenes culturales diversos, donde se proporcionan herramientas lingüísticas, conocimiento de los recursos locales, dinámicas para mejorar las habilidades sociales e información sobre los recursos comunitarios. Participaron de la propuesta nueve estudiantes de grado, quince jóvenes y dos educadoras. Se identificó que, en su país de origen, los jóvenes tenían amplías y esperanzadoras expectativas de futuro tanto a nivel personal, como profesional; y que, al llegar a la ciudad de destino, estas expectativas se empobrecían y se convertían en menos optimistas y prometedoras. Ante este pretexto, la propuesta de ApS tenía el reto de trabajar con los jóvenes el concepto de éxito, a través de la creación de un recurso audiovisual y digital que visibilizara su perspectiva sobre el significado de este concepto y reforzara sus expectativas.

Falca feminista [Cuña feminista]

La "Falca feminista" contó con la participación de la entidad Fera Ferotge, una cooperativa sin ánimo de lucro ubicada en la ciudad de Vic que acompaña a personas jóvenes a través de redes en el territorio, la construcción de un espíritu crítico, el cooperativismo, la democracia y la perspectiva de género y transcultural. Ofrece acciones formativas sobre sexualidades, género y violencias, y Puntos Violeta a petición de entidades y ayuntamientos. En la propuesta participaron seis estudiantes, cuatro jóvenes y dos técnicas. El reto que planteó fue crear una cuña feminista -un anuncio musical- contra las violencias machistas y LGTBIfóbicas, para poder hacer difusión en espacios de ocio de la comarca de Osona (Barcelona) donde hubiera Puntos Violeta.

Quina Quina! [¡Qué Bingo!]

Esta propuesta se llevó a cabo con la colaboración del proyecto de adolescentes y jóvenes de la Asociación Casal Claret de Vic, una entidad social que trabaja con personas y colectivos en situación de vulnerabilidad y exclusión social a través de acompañamientos personalizados y espacios educativos compartidos. Concretamente, con los adolescentes y jóvenes, llevan a cabo acompañamiento escolar, actividades de ocio y para la participación, el arraigo y el compromiso con el territorio. En la propuesta participaron nueve estudiantes, dieciocho jóvenes de entre 12 y 18 años, una técnica y una voluntaria. El reto propuesto fue organizar una quina [bingo] para las fiestas del barrio donde se ubica la entidad con una triple intención: recaudar fondos destinados a poder realizar una actividad de ocio para los jóvenes de la entidad, promover el sentimiento de arraigo por parte de los jóvenes y visibilizar la labor social de la entidad.

3. ANÁLISIS DE LOS RESULTADOS (IN)ESPERADOS DE LAS EXPERIENCIAS

Los resultados recogidos y analizados en la fase de evaluación muestran que las experiencias de Aprendizaje-Servicio (ApS) realizadas ofrecieron numerosas oportunidades de aprendizaje a todos los participantes, pero también presentaron ciertos desafíos. Se identificaron tanto resultados alineados con la literatura científica sobre ApS, como resultados inesperados, particulares y específicos derivados del desarrollo de las diferentes propuestas.

El análisis de los grupos de discusión de las personas usuarias y los de las encuestas a los alumnos, muestra unos resultados transversales que se dan en el conjunto de las propuestas y, tal y como se describen a continuación, coinciden con las orientaciones de la literatura científica sobre ApS. Destaca en primer lugar, que las propuestas llevadas a cabo permiten el desarrollo de habilidades sociales, de comunicación y de trabajo en equipo de todas las personas participantes (Santos Rego et al., 2016); exponen que los estudiantes que participan en ApS muestran una mayor comprensión de los contenidos académicos, y desarrollan un sentido más fuerte de responsabilidad social y habilidades interpersonales (Ribeiro et al., 2021); contribuyen al aumento de la sensibilidad hacia temas de género, diversidad cultural y vulnerabilidad (Puig et al., 2006); así como a la aplicación práctica de los conocimientos teóricos, especialmente para el alumnado de grado (Roldan et al., 2004; Tapia, 2000; Winterbottom et al., 2013).

El análisis también revela unos resultados particulares y específicos de cada proyecto. En la propuesta "Trayectorias de éxito", donde se buscaba mejorar la autopercepción personal y profesional de los participantes respecto al éxito, los resultados muestran que esta tipología de ApS contribuye a promover una mayor conciencia sobre la trayectoria personal y profesional, un pensamiento crítico sobre la construcción de la vida y una mejora en las habilidades digitales. En el caso de la experiencia de ApS "Falca Feminista", también se promueve que los estudiantes y jóvenes desarrollen competencias digitales, mejoren en el trabajo cooperativo, pero especialmente que aumente su sensibilidad frente a violencias machistas y LGTBIfóbicas. Y en la experiencia "Quina Quina!", además de recaudar fondos para actividades de ocio juvenil, contribuye a incrementar la predisposición de los jóvenes a participar en actividades populares, a mejorar la gestión de eventos comunitarios por parte de los estudiantes, e incentiva la participación popular y ciudadana desde edades tempranas. Estos resultados nos muestran, parafraseando a Bosch et al. (2009), que en las propuestas de ApS llevadas a cabo, las personas participantes han aprendido a partir de la experiencia y de forma cooperativa, reflexionando sobre la acción concreta y con la ayuda de los demás, adultos o iguales. Además, se ha producido un incremento de su motivación, autoestima y expectativas personales, ya que su acción tiene un valor tangible en un contexto real y concreto. Podríamos denominarlos, entonces, aprendizajes para la vida (Sotelino Losada et al., 2019).

A pesar de que ciertos resultados eran esperados, la evaluación del proyecto también permite observar que surgieron un conjunto de resultados no anticipados que añadieron un valor especial al conjunto de los proyectos. Estos resultados inesperados se dan de forma transversal y se agrupan según diferentes ámbitos:

· Personal: los resultados de los grupos de discusión y las encuestas muestran que las propuestas desarrolladas han llevado a la mayoría de los participantes a reflexiones profundas (Páez Sánchez y Puig Rovira, 2013) sobre sus conocimientos, habilidades, gustos, ideas y prioridades, teniendo que compartir éstas con el grupo. Compartir esta identidad entre los participantes ha implicado compartir fortalezas y virtudes, pero también debilidades y vulnerabilidades. En este trabajo, especialmente el alumnado de grado ha podido aprovechar y potenciar sus mejores competencias y habilidades, y sacar el mejor rendimiento de éstas. No obstante, también ha implicado mostrar aquello que tienen que mejorar o sobre lo que presentan más inseguridades.

Este proceso ha contribuido a la construcción de la identidad personal y profesional de los participantes. El contraste entre los grupos de discusión entre las personas usuarias y las encuestas a los estudiantes, muestran que los estudiantes han realizado una reflexión más profunda sobre el aprendizaje realizado. Esto se debe a que la participación de los estudiantes en las diferentes ApS viene determinada por una actividad de evaluación que a su vez les orienta en la reflexión y la toma de decisiones.

· Grupo de iguales: los estudiantes continuamente se reorganizaron según las necesidades cambiantes de las distintas propuestas, tomando decisiones constantemente sobre la distribución de tareas y recursos, y al cuestionamiento y reformulación de roles y tareas a desarrollar dentro del equipo. Este proceso fomentó el liderazgo, la síntesis de información y la capacidad de adaptarse a la situación, y provocó una revisión sistemática entre iguales (Páez Sánchez y Puig Rovira, 2013).

· Profesionales de las entidades: el seguimiento durante el proceso y la evaluación final permiten observar que el trabajo entre alumnado y los profesionales de las entidades promovió el diálogo constante entre estos agentes. En el inicio del desarrollo de las propuestas, las entidades y los alumnos no siempre compartieron el mismo significado sobre algunos conceptos, por ejemplo, sobre feminismo, éxito o participación ciudadana, temas centrales de las propuestas de ApS. Esta situación, produjo la necesidad que alumnado y profesionales establecieran un dialogo continuo, donde cuestionaban el significado de conceptos e ideas, compartían miradas y, finalmente, acordaban perspectivas de trabajo. Este escenario de consenso de significados también conllevó a reflexionar sobre las relaciones de poder que se producían en los distintos espacios de las ApS, especialmente, entre la entidad y los estudiantes, y entre los estudiantes y los jóvenes participantes de las entidades. Esta situación muestra que los profesionales de las entidades tienen un papel relevante para situar a los estudiantes en contextos de aprendizaje y compromiso cívico (Sotelino Losada et al., 2019).

- Situaciones imprevistas: los participantes aprendieron a gestionar escenarios imprevistos como huelgas estudiantiles o festividades que afectaron el calendario y planificación de las propuestas, la asistencia irregular de los jóvenes a las diferentes sesiones que supuso adaptar la organización y estructuración prevista, además de aprender a aprovechar recursos y ayudas no previstas, incluidas las ofrecidas por herramientas de inteligencia artificial o recursos del entorno.

- Impacto comunitario: las diferentes propuestas de ApS, sin intención previa, tuvieron una difusión pública que pueden haber generado un impacto en la comunidad más allá de lo previsto (Balciuniene y Mazeikiene, 2008). A través de exponer el mural interactivo sobre el concepto de éxito en un espacio público, la difusión de la cuña feminista en espacios de ocio públicos y el evento público del bingo, se puede intuir que las propuestas han contribuido a generar un impacto en la comunidad. Esta exposición pública de las propuestas puede haber contribuido a la concienciación sobre los procesos migratorios y la inclusión social, a la sensibilización contra las violencias machistas y LGTBIfóbicas en los espacios de ocio, y a dar importancia a la necesidad de ceder espacios de participación ciudadana a los jóvenes con el fin de promover su arraigo y compromiso con el territorio.

Así, los resultados esperados muestran que las diferentes propuestas de ApS han contribuido a mejorar las habilidades sociales de los participantes, a fortalecer la capacidad de adaptación y resolución de problemas, y a mejorar la relación y el compromiso con el territorio, entre otras competencias. Y los resultados no esperados muestran que las propuestas contribuyen a generar impactos más allá de los objetivos iniciales, como contribuir a la reflexión sobre las relaciones de poder o a la concienciación de la comunidad a través de la difusión del trabajo realizado.

4. CONCLUSIONES

Las experiencias de ApS universitarias presentadas han demostrado que contribuyen a fomentar la inclusión digital y social, y a mejorar las relaciones entre los estudiantes y las comunidades. Los resultados esperados muestran un claro desarrollo de habilidades sociales y de cooperación, y una mayor sensibilización sobre cuestiones de género, diversidad cultural y vulnerabilidad. Además, se ha fortalecido la relación entre la universidad y la comunidad, contribuyendo al compromiso cívico y a la responsabilidad social. También contribuyen a un aprendizaje contextualizado de los estudiantes, que vincula la teoría con la práctica y viceversa, en este caso en el desarrollo de sus competencias digitales y sociales. Por otro lado, de los resultados inesperados destacan los distintos impactos y aprendizajes que realizan los participantes para gestionar los desafíos propuestos y los no previstos, así como la capacidad de estos proyectos para sensibilizar sobre temas como el género, la diversidad cultural y la vulnerabilidad, generando mayor conciencia social en los estudiantes y la comunidad. Las experiencias presentadas no solo se alinean con los objetivos académicos y comunitarios que se esperan de una propuesta de ApS, sino que además abren nuevas vías para abordar las desigualdades sociodigitales mediante enfoques colaborativos y participativos, demostrando que el ApS es una herramienta eficaz para la inclusión social y digital en contextos educativos.

Además, experiencias como las presentadas permiten una comprensión de cómo diferentes formas de relación y discriminación se entrelazan y afectan a los individuos y las comunidades de manera compleja y multifacética. Integrar esta perspectiva garantiza: un diseño inclusivo de las propuestas porqué considera las identidades y experiencias diversas de las personas; una planificación sensible a la diversidad ya que implica la identificación de las barreras; la implementación de estrategias ajustadas; y el desarrollo de otras competencias críticas más allá de las propias de las ApS, como la capacidad de analizar y comprender las interacciones entre formas de discriminación y privilegio.

Es importante señalar algunas limitaciones que surgieron durante el desarrollo de los proyectos: la coincidencia de huelgas estudiantiles y festividades locales afectó los calendarios previstos; sincronizar el calendario universitario y el de las entidades participantes no siempre es una tarea fácil; algunos proyectos requerían recursos adicionales, tanto tecnológicos como humanos, que no siempre estuvieron; y la heterogeneidad en el capital cultural y el nivel de competencias digitales, tanto de los estudiantes como de los miembros de la comunidad, ocasionó retos en la adaptación de las actividades a las necesidades de todos los participantes.

A pesar de estas limitaciones, las experiencias y resultados obtenidos demuestran que las propuestas de ApS siguen siendo un enfoque pedagógico con un gran potencial transformador para la creación de una sociedad más inclusiva, tanto a nivel social como digital. Las propuestas presentadas invitan a reflexionar sobre la importancia de seguir mejorando las condiciones de vida de la comunidad y el territorio. Asimismo, subrayan la necesidad de seguir co-construyendo soluciones desde una perspectiva interseccional, junto a las comunidades, fortaleciendo así las relaciones entre la universidad y su entorno.

REFERENCIAS BIBLIOGRÁFICAS

Balciuniene, I., & Mazeikiene, N. (2008). Benefits of service-learning: Evaluations from students and communities. *Social Research, 1*(11), 53-66. https://www.vdu.lt/cris/handle/20.500.12259/37663

Bär Kwast, B., Campo Cano, L., & Rubio Serrano, L. (2021). Líneas de acción y principios para la incorporación del aprendizaje-servicio en el ámbito local. Trabajo en red en el territorio. *Teoría De La Educación. Revista Interuniversitaria, 33*(1), 243-263. https://doi.org/10.14201/teri.23660

Beneyto-Seoane, M., Simó-Gil, N., Bosch-Geli, C., & Reig-Bolaño, R. (2023). Reconèixer la diversitat digital per a la millora de l'accés digital. Fonaments i accions del Laboratori d'Innovació Social Digital. *Revista Catalana de Pedagogia, 23*, 63-79. https://doi.org/10.2436/20.3007.01.188

Bisquerra, R. (2004). *Metodología de la investigación educativa.* Madrid: La Muralla.

Bosch, C., Climent, T., & Puig, J.M. (2009). Partenariado y redes para el Aprendizaje Servicio. En J.M. Puig et al. (2009). *Aprendizaje Servicio (ApS). Educación y compromiso cívico.* (p. 127-150). Graó.

García Pérez, Á., Mugarra Elorriaga, A., & Villa Sánchez, A. (2016). Innovación social universitaria como marco para la fundamentación, desarrollo y evaluación comunitaria de proyectos de aprendizaje-servicio. *Educación y Diversidad, 10* (2), pp. 77-86.

Cohen, L., Manion, L., & Morrison, K. (2017). *Research methods in education.* Routledge. https://doi.org/10.4324/9781315456539

Páez Sánchez, M., & Puig Rovira, J.M. (2013). La reflexión en el aprendizaje-servicio. *Revista Internacional de Educación para la Justicia Social (RIEJS)*, 2(2), 13-32.

Puig, J.M., Batlle, R., Bosch, C., & Palos, J. (2006). *Aprendizaje Servicio. Educar para la Ciudadanía.* Octaedro.

Quintanal, J., & García, B. (2012). *Fundamentos básicos de metodología de investigación educativa.* Editorial CCS.

Ribeiro, Á., Aramburuzabala, P., & Paz-Lourido, B. (2021). *Research Report on the institutionalisation of service-learning in European higher education. Research procedures and main findings.* European Association of Service-Learning in Higher Education.

Rodríguez, G., Gil, J., & García, E. (1999). *Metodología de la investigación cualitativa.* Ediciones Aljibe.

Roldan, M., Strage, A., & David, D. (2004). A framework for assessing academic service learning across disciplines. En M. Welch & S.H. Billig (Ed.), *New perspectives in servicelearning: Research to advance the field* (pp. 39-59). Information Age Publishing.

Santos Rego, M.A., Sotelino Losada, A., & Lorenzo Moledo, M. (2016). El aprendizaje-servicio en la educación superior: una vía de innovación y de compromiso social. *Educación y Diversidad, 10* (2), pp. 17-24.

Sotelino Losada, A., Mella Núñez, I., & Rodríguez Fernández, M.A. (2019). El papel de las entidades cívico-sociales en el aprendizaje-servicio. Sistematizando la participación del alumnado en el tercer sector. *Teoría De La Educación. Revista Interuniversitaria, 31*(2), 197–219. https://doi.org/10.14201/teri.20156

Tapia, N. (2000). *La solidaridad como pedagogía. El aprendizaje servicio en la escuela.* Ciudad Nueva.

Winterbottom, C., Lake, V.E., Ethridge, E.A., Kelly, L., & Stubblefield, J.L. (2013). Fostering social justice through Service-Learning in early childhood teacher education. *Revista Internacional de Educación para la Justicia Social, 2*(2), 33-53. http://hdl.handle.net/10486/660356

Capítulo 8.

Estudios Fenomenológicos Sobre Prácticas Pedagógicas y Formación Docente: Revisión de la literatura especializada

María de los Lirios Bernabé Lillo
Pontificia Universidad Católica del Ecuador, maría.bernabe@pucese.edu.ec

Israel Alonso Sáez
Universidad del País Vasco (UPV/EHU), israel.alonso@ehu.eus

Nahia Idoiaga Mondragón
Universidad del País Vasco (UPV/EHU), nahia.idoiaga@ehu.eus

Resumen: La investigación cualitativa, es crucial para comprender y mejorar la realidad educativa (Cerrón, 2019). Este capítulo tiene como objetivo conocer las investigaciones fenomenológicas realizadas en el ámbito de la educación superior en torno a las prácticas pedagógicas y la formación docente. El estudio emplea una metodología cualitativa de naturaleza documental basada en una revisión sistemática de la literatura en la base de datos Web of Science, abarcando publicaciones de 2013 a 2024 en inglés y español. Tras aplicar criterios de inclusión y exclusión, se analizaron 17 artículos. Los resultados indican que la fenomenología es ampliamente utilizada en estudios educativos, especialmente en América y Asia, y destaca la prevalencia de entrevistas como técnica principal de recolección de datos. El capítulo concluye que los estudios fenomenológicos aportan una comprensión profunda de las experiencias educativas, contribuyendo al desarrollo profesional docente y a la calidad de la educación superior. Los hallazgos evidencian la urgencia de continuar investigando y profundizando en la comprensión de cómo la formación continua influye en la praxis pedagógica de los docentes, dado que ninguno de los estudios aborda la vivencia de la formación continua por parte de estos y su incidencia en la transformación de su práctica pedagógica.

PALABRAS CLAVE: fenomenología, educación superior, práctica pedagógica, formación docente.

1. INTRODUCCIÓN

En un contexto tan cambiante como el actual, marcado por la acelerada transformación digital y la creciente presencia de la inteligencia artificial en la educación, resulta evidente la urgencia de innovaciones en la praxis pedagógica. Estas son fundamentales para desarrollar en los estudiantes competencias esenciales. Desde esta perspectiva, la formación docente se convierte en una herramienta clave en la transformación de la práctica pedagógica de los docentes universitarios, alineándose con el Objetivo de Desarrollo Sostenible 4, que busca garantizar una educación inclusiva, equitativa y de calidad, promoviendo oportunidades de aprendizaje durante toda la vida (Naciones Unidas, 2015).

Vaillant (2018) señala que el desarrollo profesional docente es una preocupación en la agenda de la educación superior, dado que existe un consenso en que el buen profesor y su desarrollo profesional son un insumo clave para lograr la mejora de los aprendizajes de los estudiantes de educación superior y la calidad educativa.

Con este fin, las instituciones de educación superior proponen programas de formación con la intención de fortalecer la labor de los docentes. No obstante, numerosos estudios evidencian una brecha entre la formación y el impacto que esta tiene en la práctica pedagógica (Vaillant y Cardozo-Gaibisso, 2016; Sathasivam et al., 2024), lo cual señala la necesidad de un enfoque más efectivo. Comprender este fenómeno de estudio es crucial para diseñar estrategias formativas que realmente incidan en la mejora de la práctica docente y, por ende, en la calidad de la educación superior.

Ante la complejidad de la realidad educativa, se hace cada vez más evidente la necesidad de abrirnos a la capacidad comprensiva e interpretativa que ofrece la investigación cualitativa (Abad-Salgado, 2020).

De ahí la importancia de este enfoque dentro del paradigma interpretativo, que no busca descubrir leyes o supuestos universales, sino que se centra en el estudio del significado de las acciones, es decir, en la comprensión de los fenómenos (Roa, 2017, pp. 39-40).

En el marco de la investigación cualitativa, se encuentra el enfoque fenomenológico, centrado en el estudio de la esencia a partir de la búsqueda por los sentidos y significados de los sujetos. Según Hernández-Sampieri et al. (2014), el diseño fenomenológico tiene como propósito principal explorar, describir y comprender las experiencias de las personas con respecto a un fenómeno y descubrir los elementos en común de tales vivencias (p. 493). Su importancia reside en que explora los fenómenos a partir de la experiencia vivida por los individuos, lo que la hace una metodología adecuada para analizar los significados e intenciones de las personas involucradas en acciones educativas (Castillo-López et al, 2022).

A su vez, Fuster (2019) señala que "el objetivo que persigue es la comprensión de la experiencia vivida en su complejidad y esta comprensión, busca la toma de conciencia y los significados en torno del fenómeno" (p. 202). También, Cruz y Taborda (2014), manifiestan que a la fenomenología de la educación no le interesa la materialidad de los elementos, sino la intención que los anima, dándoles un significado.

Todo esto justifica el desarrollo de esta revisión de la literatura en torno a investigaciones realizadas en el contexto universitario, alineadas al método fenomenológico, que nos permitan comprender la experiencia de la formación continua de los docentes, así como la vivencia de su praxis pedagógica.

2. METODOLOGÍA

El propósito de identificar y describir las investigaciones recientes fenomenológicas en el contexto de la educación superior llevó a emprender esta investigación exploratoria cualitativa, de naturaleza documental, basada en la revisión sistemática internacional de la literatura científica.

Las preguntas de investigación que han guiado el estudio han sido las siguientes: ¿qué tipo de estudios fenomenológicos se han realizado en el contexto de la educación superior en torno a la experiencia de formación y la práctica pedagógica de los docentes? y ¿qué resultados y orientaciones han planteado?

La base de datos utilizada para la búsqueda de información ha sido *Web of Science* (WOS), y el período analizado es del 2013 al 2024, dado que este rango de tiempo asegura que la revisión incluya estudios recientes y pertinentes. El idioma se circunscribe al inglés y español, y los descriptores utilizados han sido los siguientes: *Phenomenological study, higher education, teacher training* y *pedagogical practice**.

Como criterios de inclusión, se consideró que fueran artículos científicos, de acceso abierto, dentro del área de conocimiento de educación y que estuvieran escritos en inglés o en español. También se utilizaron como criterios de inclusión que los estudios fueran realizados en el contexto universitario y que el tema de estudio versara sobre práctica pedagógica y/o formación docente. En cuanto a los criterios de exclusión, cabe destacar que, en la búsqueda realizada, aparecieron varios trabajos de tesis, al igual que artículos escritos en coreano, turco y portugués, los cuales se excluyeron del análisis.

El proceso de selección ha consistido en tres fases. En la primera, se realizó una búsqueda avanzada en WOS, obteniendo 47 publicaciones. En la segunda fase, se eliminaron los trabajos duplicados, reduciendo el total a 45. Finalmente, en la tercera fase, se revisaron los títulos, resúmenes y contenidos de los artículos aplicando los criterios de inclusión y exclusión. Como resultado, se analizaron 17 artículos.

3. RESULTADOS

A continuación, se presentan los resultados del estudio realizado. El análisis abordó los siguientes apartados: ámbito geográfico, enfoque metodológico, dificultades encontradas y principales aportes a la Educación Superior. El foco de atención se dirige a dos áreas: las prácticas pedagógicas de los docentes y la formación continua de estos. De los 17 estudios analizados, 12 están relacionados con la práctica pedagógica y 5 con la formación continua de los docentes (ver tablas 1 y 2).

Los artículos del área de prácticas docentes ofrecen una rica diversidad de enfoques y contextos relacionados con la educación superior, la transición a la enseñanza en línea (Chatraraj y Vijayaraghavan, 2021; Naylor y Nyanjom, 2020; Hauroni, 2021; Vrgovic et al., 2022), la adaptación de políticas educativas (Özcan y Balyer, 2021) y la incorporación de tecnologías (Obermeier, 2023 y Bennett, 2014). También proporcionan una comprensión integral de cómo las instituciones de educación superior deben afrontar los nuevos contextos y desafíos.

Los artículos del área de formación continua, en menor número, abordan diferentes aspectos críticos del desarrollo profesional y socialización de los docentes universitarios, desde la integración inicial y el crecimiento profesional (Kondakçı y Haser, 2019; Espinoza, 2020; Lavooy et al., 2022) hasta la autoformación mediante el uso de tecnologías digitales (Krismanto et al., 2022; López-Calvo et al., 2022). Cada estudio aporta valiosa información que puede ser utilizada para mejorar prácticas, programas y políticas educativas, contribuyendo así al fortalecimiento de la profesión docente.

Ámbito geográfico de los estudios

Un primer análisis del ámbito geográfico desde el que se ha realizado la revisión de la literatura indica que los trabajos provienen, sobre todo, del continente americano (7), con países como EE. UU., México, Perú y Canadá y del continente asiático (6), con países como India, Indonesia,

Turquía, y Corea del Sur. Tan solo tres publicaciones fueron realizadas en el continente europeo, concretamente en Reino Unido, Serbia y España y una en Oceanía.

El método fenomenológico es ampliamente utilizado en los estudios educativos, particularmente en el mundo de habla inglesa (Brinkmann y Friesen, 2018). Se ha utilizado principalmente como un enfoque metodológico orientado a iluminar la experiencia vivida, particularmente en las profesiones asistenciales, tales como la salud y la educación (Oyclana et al., 2018; Toothaker y Taliaferr, 2017; Park et al., 2018). Concretamente, en el campo educativo, ha permitido profundizar en las dimensiones experiencial, relacional e intersubjetiva del proceso de enseñanza-aprendizaje (Naylor y Nyanjom, 2020; Bennett, 2014; Kondakçı y Haser, 2019).

Técnicas utilizadas en la recogida de datos, tipo de análisis y dificultades encontradas

Con relación a las técnicas empleadas en los estudios revisados, destaca el uso predominante de la entrevista, implementada en 15 de los 17 estudios. Sin embargo, esta técnica se complementó, en algunos casos, con narrativas y documentación, observación y análisis de la experiencia directa. En todos los casos, las entrevistas, ya fueran en línea o presenciales, se grabaron con el propósito de facilitar su posterior análisis.

De los 17 estudios, 11 siguen un enfoque fenomenológico interpretativo, dado que están orientados a comprender y dar sentido a las narrativas recogidas sobre las prácticas y experiencias formativas de los docentes universitarios, mientras que 6 siguen un enfoque fenomenológico descriptivo, orientados más bien a describir las experiencias tal como son vividas por las personas, sin interpretación alguna. En todos los casos, las respuestas fueron analizadas desde el enfoque cualitativo, haciendo uso del análisis de contenido, la codificación categorización de unidades de sentido.

Los investigadores señalan que se enfrentaron a diversas dificultades. Destacan la limitación en el número de participantes y la representatividad insuficiente de género y etnia en la muestra de estudio (Toothaker y Taliaferro, 2017; Chattaraj y Vijayaraghavan, 2021). En un estudio, se observó la influencia potencial de la interacción previa entre el investigador y los participantes en la interpretación de los datos (Naylor y Nyanjom, 2020). Otro desafío evidenciado fue la traducción del contenido emocional de los datos. Además, al menos en cuatro estudios, la disponibilidad de tiempo fue una preocupación.

Aportes que estos estudios han ofrecido a la Educación Superior

Este tipo de estudios, ofrecen aportes significativos para la comprensión de la compleja realidad educativa.

En esta línea, Willis (2017) señala que el método fenomenológico es eficaz para gestionar las diferencias culturales y paradigmáticas en la investigación transcultural. También da voz a los aspectos emocionales, corporales y empáticos de la práctica educativa (Friesen et al., 2012). A su vez, Brinkmann y Friesen (2018) enfatizan su importancia en los aspectos tanto teóricos como metodológicos de los estudios educativos, al iluminar experiencias vividas y articular teorías de la enseñanza y el aprendizaje.

Para Koopman (2015), el desafío para los investigadores está en cambiar su modo predeterminado de comprensión del polo del objeto al polo del ego, del objeto físico al sujeto humano, de lo observable y mensurable a lo vivido como fuente verdadera del conocimiento humano.

A partir de estas valoraciones, a continuación, se presentan los aportes que los artículos revisados ofrecen a la educación superior.

Los estudios del área pedagógica resaltan la importancia de comprender y adaptarse a los cambios en los espacios de aprendizaje, especialmente durante la pandemia de COVID-19 (Chattaraj y Vijayaraghavan, 2021; Espejo et al., 2023; Harouni, 2021; Vrgović et al., 2022; Obermeier, 2023). Ofrecen orientaciones sobre cómo abordar las barreras existentes en una enseñanza centrada en el aprendizaje (Oyclana et al., 2018) y abordan estrategias pedagógicas para abordar las preferencias y experiencias de aprendizaje de la generación actual de estudiantes (Toothaker y Taliaferro, 2017; Park et al., 2018).

Los estudios del área de formación continua, a su vez, subrayan la necesidad de desarrollar estrategias efectivas para la formación continua del profesorado (Nava-Gómez y Reinoso-Jaime, 2014; Krismanto et al., 2022; Lavooy et al., 2022; Espinoza, 2020; López-Calvo et al., 2022). Promueven la necesidad de transformar las políticas educativas de las instituciones de educación superior para hacer frente a las oportunidades y desafíos de la Revolución Industrial 4.0 (Özcan y Balyer, 2021) y defienden la necesidad de apoyar emocionalmente a los educadores durante la transición a la enseñanza en línea, así como en el proceso de adaptación y desarrollo profesional (Naylor y Nyanjom, 2020; Bennett, 2014; Kondakçı y Haser, 2019).

En definitiva, estas investigaciones proporcionan valiosas perspectivas sobre cómo mejorar la calidad de la educación superior y fomentar un desarrollo profesional sólido en el ámbito académico.

4. CONCLUSIONES

Los estudios fenomenológicos en la educación superior son clave para comprender la realidad educativa. Este enfoque ilumina la experiencia docente, resaltando dimensiones emocionales e intersubjetivas que los análisis tradicionales suelen omitir. A diferencia de los enfoques cuantitativos, que describen patrones generales, la fenomenología profundiza en las vivencias y significados construidos por los actores educativos, permitiendo un análisis más humano y contextualizado.

Además, estos estudios proporcionan valiosas perspectivas sobre cómo mejorar la calidad de la educación superior y fomentar un desarrollo profesional sólido en el ámbito académico, enfrentando los desafíos que la educación superior enfrenta actualmente. Los estudios fenomenológicos contribuyen a humanizar la práctica pedagógica, ayudando a los docentes a reflexionar sobre sus emociones, relaciones y experiencias en el aula. Esta introspección fomenta una enseñanza más empática y significativa, adaptada a las particularidades de los estudiantes y sus contextos. Además, fortalece la relación docente-estudiante al permitir que los educadores profundicen en las dinámicas intersubjetivas, promoviendo así un aprendizaje más personalizado y motivador. Los hallazgos también ofrecen herramientas para que las instituciones diseñen programas de formación continua que respondan directamente a las realidades del aula y orienten políticas educativas que aborden desafíos contemporáneos, como la enseñanza en línea, la incorporación de tecnologías emergentes, la diversidad cultural y los retos de la Revolución Industrial 4.0.

A pesar de sus aportes, la revisión documental revela algunas limitaciones. La búsqueda se restringió a WOS, lo que pudo generar sesgos geográficos y culturales. Además, el tamaño reducido de la muestra y la falta de paridad de género y etnia pueden afectar la calidad de los resultados.

Otra limitación importante es la ausencia de investigaciones que profundicen en la vivencia de la formación continua y su impacto en la transformación de las prácticas pedagógicas. Aunque los estudios analizados ofrecen valiosas perspectivas sobre las prácticas pedagógicas, no abordan de manera exhaustiva cómo los procesos de formación docente influyen en la praxis cotidiana.

Los hallazgos destacan la necesidad de seguir investigando el impacto de la formación continua en la praxis pedagógica. Es clave ampliar las fuentes de información e incluir bases de datos adicionales para lograr una perspectiva más diversa. Asimismo, combinar el enfoque fenomenológico con otras metodologías permitiría una visión más integral de los fenómenos educativos. Esto enriquecería el conocimiento sobre la eficacia de los programas de formación docente, mejoraría la calidad de la enseñanza y favorecería el aprendizaje de los estudiantes.

REFERENCIAS BIBLIOGRÁFICAS

Abad-Salgado, A. M. (2020). La investigación cualitativa en la educación superior. *Novum*, 2(10), 30-49. https://revistas.unal.edu.co/index.php/novum/article/view/82670

Bennett, L. (2014). Putting in more: emotional work in adopting online tools in teaching and learning practices. *Teaching in Higher Education*, 19(8), 919-930. https://doi.org/10.1080/13562517.2014.934343

Brinkmann, M. & Friesen, N. (2018). Phenomenology and Education. *International handbook of philosophy of education*, 591-608.Springer, https://doi.org/10.1007/978-3-319-72761-5_46

Castillo-López, M., Romero, E. y Mínguez, R. (2022). El método fenomenológico en investigación educativa: una revisión sistemática. *Revista Latinoamericana de Estudios Educativos*, 18(2), 241-267. https://doi.org/10.17151/rlee.2023.18.2.11

Cerrón, W. (2019) La investigación cualitativa en educación. *Horizonte de la Ciencia*. https://elicit.com/notebook/b4cb3ffe-3756-478b-948f-7c13f5660d02

Chattaraj, D. & Vijayaraghavan, A. P. (2021). The mobility paradigm in higher education: a phenomenological study on the shift in learning space. *Smart Learning Environments*, 8(1), 15. https://doi.org/10.1186/s40561-021-00162-x

Cruz, L. I. y Taborda, J. (2014). Hacia un giro fenomenológico hermenéutico en la pedagogía. El asunto de la experiencia en la pedagogía. *Folios: revista de la Facultad de Humanidades*, 39, 161-171. http://www.scielo.org.co/scielo.php?pid=S0123-48702014000100012&script=sci_arttext

Espejo, A., Burga, G., Gutiérrez, P., Cogorno, U., Cuentas, R., Muñoz, H., & Ramírez, J. (2023). Teaching teamwork in virtual environments: experience of teachers from a technical higher education institution. *InterCambios. Dilemas y transiciones de la Educación Superior*, 10(2), 33-42. https://doi.org/10.29156/inter.10.2.4

Espinoza, N. (2020). Trayectoria profesional de las docentes de ingeniería de una universidad privada de Perú: estudio cualitativo. *Educación, 29*(57), 67-86. https://dx.doi.org/10.18800/educacion.202002.004

Friesen, N., Henriksson, C., & Saevi, T. (2012). Hermeneutic Phenomenology in Education. *Practice of Research Method, Brill.* https://doi.org/10.1007/978-94-6091-834-6

Fuster, D. E. (2019). Investigación cualitativa: Método fenomenológico hermenéutico. *Propósitos y representaciones, 7*(1), 201-229. http://www.scielo.org.pe/scielo.php?script=sci_arttext&pid=S2307-79992019000100010

Harouni, H. (2021). Unprepared humanities: A pedagogy (forced) online. *Journal of Philosophy of Education, 55*(4-5), 633-648. https://doi.org/10.1111/1467-9752.12566

Hernández-Sampieri, R., Fernández, C. & Baptista, P. (2014). *Metodología de la Investigación. (Sexta Edición).* McGraw-Hill. https://www.uca.ac.cr/wp-content/uploads/2017/10/Investigacion.pdf

Koopman, O. (2015). Phenomenology as a Potential Methodology for Subjective Knowing in Science Education Research. *Indo-Pacific Journal of Phenomenology, 15*, 1 - 10. https://doi.org/10.1080/20797222.2015.1049898

Kondakçı, Y. & Haser, Ç. (2019). Socialization at the university: A qualitative investigation on the role of contextual dynamics in the socialization of academics. *Research in Educational Administration and Leadership, 4*(2), 272-301. https://doi.org/10.30828/real/2019.2.3

Krismanto, W., Setyosari, P., Kuswandi, D. & Praherdhiono, H. (2022). Social Media-Based Professional Learning: ¿What Are Teachers Doing in It? *Qualitative Research in Education, 11*(1), 89-116. https://doi.org/10.17583/qre.9698

Lavooy, V., Bouvet, R. I. & Rodríguez-Gómez, J. (2022). Características útiles de un programa para el desarrollo docente, según profesores universitarios. *Revista iberoamericana de educación superior, 13*(37), 175-192. https://doi.org/10.22201/iisue.20072872e.2022.37.1310

López-Calvo, S., Álvarez de Sotomayor, I. & Muñoz-Carril, P. C. (2022). Los procesos de autoaprendizaje de los docentes universitarios de Ciencias Sociales y Jurídicas. *Educar, 58*(2), 305-320. https://doi.org/10.5565/rev/educar.1514

Naciones Unidas. (2015). Transformar nuestro mundo: La Agenda 2030 para el Desarrollo Sostenible. https://unctad.org/system/files/official-document/ares70d1_es.pdf

Nava-Gómez, G. N. & Reynoso-Jaime, J. (2014). Conceptualización y reflexión sobre la práctica educativa en un programa de formación continua para docentes de educación media superior en México. *Revista Educación, 39*(1), 137-157. https://dx.doi.org/10.15517/revedu.v39i1.17862

Naylor, D. & Nyanjom, J. (2020). Educators' emotions involved in the transition to online teaching in higher education. *Higher Education Research & Development, 40*(6), 1236-1250. https://doi.org/10.1080/07294360.2020.1811645

Obermeier, M. L. (2023). Atribuciones a la educación mediada por tecnología en universidades públicas mexicanas durante la pandemia. *RIDE. Revista Iberoamericana para la Investigación y el Desarrollo Educativo, 14*(27). https://doi.org/10.23913/ride.v14i27.1578

Oyclana, O., Martin, D., Scanlan, J. & Temple, B. (2018). Learner-centred teaching in a non-learner-centred world: An interpretive phenomenological study of the lived experience of clinical nursing faculty. *Nurse Education Today, 67*, 118-123. https://doi.org/10.1016/j.nedt.2018.05.012

Özcan, K. & Balyer, A. (2021). Transformation of Higher Education Policies in the Context of the Industrial Revolution 4.0. *Pamukkale Üniversitesi Eğitim Fakültesi Dergisi*, (53), 261-279. https://doi.org/10.9779/pauefd.732724

Park, K. H., Park, K. H. & Chae, S. J. (2018). Experiences of medical teachers in flipped learning for medical students: a phenomenological study. *Korean journal of medical education, 30*(2), 91-100. https://doi.org/10.3946/kjme.2018.84

Roa, N. (2017) *Fundamentos de investigación*. Fundación Universitaria del área andina. https://digitk.areandina.edu.co/bitstream/handle/areandina/3496/Fundamentos%20de%20investigaci%C3%B3n.pdf?sequence=1&isAllowed=y

Sathasivam, R.V., Abdullah, M.N. & Abd Rauf, R.A. (2024). Theory-Practice Divide: Pre-service Teachers' Application of Pedagogical Knowledge During Teaching Practicum. *Pertanika Journal of Social Sciences and Humanities.* 32(1), 69-86. https://doi.org/10.47836/pjssh.32.1.04

Toothaker, R. & Taliaferro, D. (2017). A phenomenological study of millennial students and traditional pedagogies. *Journal of Professional Nursing*, 33(5), 345-349. https://doi.org/10.1016/j.profnurs.2017.01.004

Vaillant, D. & Cardozo-Gaibisso, L. (2016). Desarrollo profesional docente: entre la proliferación conceptual y la escasa incidencia en la práctica de aula. *Cuaderno de Pedagogía Universitaria*, 13(26), 5-14. https://cuaderno.pucmm.edu.do/index.php/cuadernodepedagogia/article/view/259

Vaillant, D. (2018). *El desarrollo profesional docente en la educación superior: temas emergentes y brechas de investigación*. EM Wiebusch y MI Corte, MI (Eds.) 63-78. https://ie.ort.edu.uy/innovaportal/file/79676/1/el-desarrollo-profesional-docente-en-la-educacion-superior-vaillant.pdf

Vrgović, P., Pekić, J., Mirković, M., Anderla, A. & Leković, B. (2022). Prolonged emergency remote teaching: ¿sustainable e-learning or human capital stuck in online limbo? *Sustainability*, 14(8), 4584. https://doi.org/10.3390/su14084584

Willis, A.S. (2017). The efficacy of phenomenography as a cross-cultural methodology for educational research. *International Journal of Research & Method in Education*, 41, 483 - 499. https://doi.org/10.1080/1743727X.2017.1283398

Capítulo 9.

La Educación ambiental en las aulas actuales: Voces del Profesorado en la Comunidad del País Vasco (CAPV)

Elvira Gutiérrez Jiménez
Universidad del País Vasco/Euskal Herriko Unibertsitatea,
Facultad de Educación de Bilbao, elvira.gutierrez@ehu.eus

Nahia Idoiaga Mondragón
Universidad del País Vasco/Euskal Herriko Unibertsitatea,
Facultad de Educación de Bilbao, nahia.idoiaga@ehu.eus

Idoia Legorburu Fernández
Universidad del País Vasco/Euskal Herriko Unibertsitatea,
Facultad de Educación de Bilbao, idoia.legorburu@ehu.eus

Resumen: La primera vez que se debatió la necesidad de educación ambiental es en la Conferencia de las Naciones Unidas sobre el Medio Humano en Estocolmo en 1972. En 1975, la Organización de las Naciones Unidas para la Educación, la Ciencia y la Cultura (UNESCO) propuso un marco global de educación ambiental denominado la Carta de Belgrado. Desde entonces, España ha implementado numerosas leyes educativas, estando vigente la Ley Orgánica 3/2020 (LOMLOE) y el Real Decreto 217/2022, de 29 de marzo, por el que se establece la ordenación y las enseñanzas mínimas de la Educación Secundaria Obligatoria adaptado a la Comunidad Autónoma del País Vasco como el Decreto 77/2023, de 30 de mayo, de establecimiento del currículo de Educación Básica e implantación en la Comunidad Autónoma de Euskadi. Con el objetivo de conocer el estado de la educación ambiental en las aulas se han realizado entrevistas a 22 profesores y profesoras de educación ambiental del País Vasco y se han investigado las respuestas de forma cualitativa. Así se han identificado factores que promueven (transmisión de información, organización adecuada) y dificultan (falta de información y organización, sistema consumista, burocracia, falta de relación con la naturaleza) el estado de la educación ambiental. En lo que concierne a la educación, la falta de sensibilización es el principal reto. Por ello, el alumnado, el profesorado y la población deben recibir educación ambiental basada en materiales y metodologías innovadoras, con ejemplos significativos que ayuden a promover una actitud favorable hacia el medio ambiente.

Palabras clave: entrevistas cualitativas, profesorado, retos educativos, educación ambiental

1. INTRODUCCIÓN Y ANTECEDENTES

La necesidad de educación ambiental se trató por primera vez en Estocolmo en 1972 en la Conferencia de las Naciones Unidas sobre el Medio Humano. La conferencia surge para establecer un criterio que guíe la conservación y mejora del entorno humano, dada la situación actual de la sociedad y la necesidad de considerar las consecuencias de nuestras acciones sobre el entorno (Organización de las Naciones Unidas, 1972). Por ende, cada persona debe ser responsable de su actitud a sabiendas de que está condicionada por variables sociales y culturales, cognitivas y emocionales (Rajecki, 1982; Hines *et al.*, 1987; Eisenberg & Miller, 1987; Kollmuss & Agyeman, 2002; Bamberg & Möser, 2007; Ari & Yilmaz, 2017).

En este sentido, la UNESCO propuso en 1975 un marco global de educación ambiental denominado la Carta de Belgrado donde se definen objetivos y directrices para la educación ambiental (UNESCO, 1975).

Posteriormente, en Tbilisi en 1977 en la Conferencia Intergubernamental sobre Educación Ambiental, se decidió integrar por primera vez la educación ambiental en los currículos escolares (UNESCO, 1978).

Desde entonces son varias las leyes de educación que ha habido en España siendo la LOMLOE la que está en vigor actualmente junto con el Real Decreto 217/2022, de 29 de marzo, por el que se establece la ordenación y las enseñanzas mínimas de la Educación Secundaria Obligatoria, cuya adaptación a la Comunidad Autónoma del País Vasco (CAPV) es el Decreto 77/2023.

Allí se describen las competencias específicas que definen el perfil de salida del alumnado, como la Competencia Ciudadana (CC) que contribuye a que éste sea parte de una ciudadanía activa y responsable de acuerdo con los Objetivos de Desarrollo Sostenible de la Agenda 2030 (Real Decreto 217/2022, p. 30; Decreto 77/2023, p. 42), fundamentalmente con el número 4 en referencia a una Educación de Calidad, así como el número 13 que lleva por tema "Acción por el Clima". Además se describen las materias, entre las que se encuentran Educación en Valores Cívicos y Éticos, Geografía e Historia, Ciencias Naturales, Biología y Geología y Cultura Científica en la CAPV que incluyen conocimientos básicos de educación ambiental (Decreto 77/2023).

Siendo esa la situación teórica de la educación ambiental, el objetivo es conocer la situación real en las aulas de la CAPV para comprender mejor los retos, los éxitos y el potencial para poder crear en el futuro materiales formativos, didácticos, etc. ofrecer recursos y ayudar en la sensibilización y divulgación.

2. METODOLOGÍA

Se han realizado entrevistas a 22 profesores y profesoras del área de educación ambiental de la CAPV para la recogida de información sobre la realidad actual en el aula. Se trata de cinco preguntas abiertas cuyas respuestas se han clasificado por similitud de lo dicho por cada profesor o profesora, por lo que se ha utilizado una metodología cualitativa. Las preguntas formuladas son las siguientes:

1. ¿Cuál crees que es la situación de la educación ambiental?

2. ¿Cuáles son las necesidades y retos? ¿Qué hay que hacer para satisfacer estas necesidades? ¿Cómo hacerlo?

3. ¿Cuáles son los logros, éxitos y avances en tus años de experiencia?

4. ¿Cuáles son las necesidades, retos y problemas específicos de la educación sobre la economía circular y, más concretamente, sobre los residuos orgánicos?

5. ¿Cuáles son los factores que facilitan/impiden el progreso y desarrollo de la educación ambiental? ¿Qué impacto tienen en la educación y en la sociedad?

3. ANÁLISIS E INTERPRETACIÓN DE LOS RESULTADOS

Las voces del profesorado han reflejado su opinión sobre la educación ambiental. La mayor parte de los profesores y profesoras (12 personas) tienen claro que se trabaja la educación ambiental en las aulas, aunque otra parte del profesorado (10 personas) opina que se trabaja de manera transversal a pesar de estar implícita en varias de las materias del currículo escolar. Cabe señalar que trabajar la educación ambiental de forma multidisciplinar o transdisciplinar permite establecer vínculos y el aprendizaje puede ser mayor (Öllerer, 2015). Sin embargo, el currículo y, en general, la situación del sistema educativo se ha clasificado como un problema para muchos docentes, por considerar que los contenidos, las metodologías y los materiales no están adecuados a las necesidades educativas actuales.

El profesorado resalta la importancia utilizar ejemplos que puedan ser cercanos y atractivos para el alumnado para que sientan motivación para implicarse, como salidas de campo, donde se crea un contexto en el que el conocimiento del alumnado se traslada de la escuela a la vida cotidiana (Ducasse, 2020), ya que las actividades de aprendizaje deberían realizarse en el mismo contexto en el que se aplican (Winther *et al.*, 2010; Ducasse, 2020). De acuerdo con la experiencia de muchos docentes, la participación del alumnado en los proyectos aumenta el éxito porque se ven inmersos en una situación real (Klein & Merritt, 1994). En cuanto a las metodologías, el aprendizaje entre iguales (Klein & Merritt, 1994) y la enseñanza entre pares cercanos donde la figura del profesor es adoptada por alumnos de niveles superiores (Bester *et al.*, 2017) son beneficiosas a lo largo del proceso de aprendizaje para el desarrollo de las competencias sociales y académicas.

No obstante, el proceso de formación no está únicamente dirigido al alumnado, también al profesorado (Öllerer, 2015; Gobierno Vasco, 2018), así como para el personal ambiental ya que así se aprende a cómo transmitir información, teniendo en cuenta el grado de inteligibilidad del alumnado y respecto a los conceptos científicos abstractos (Öllerer, 2015). Asimismo, es muy importante la participación de la comunidad científica (Öllerer, 2015) para adaptar los contenidos, materiales y metodologías de la manera más eficaz y significativa posible.

Por lo tanto, los recursos educativos trabajados en las aulas son imprescindibles, pero sin llevar lo trabajado a la vida cotidiana y a la sociedad, los resultados no serán del todo efectivos. En cuanto a la opinión del alumnado puede estar condicionada por las decisiones de la familia, ya que no tienen edad para tomar muchas decisiones, pero sí pueden influir en la toma de las mismas (Boyes & Stanisstreet, 2014). En gran medida, el alumnado es un reflejo de la sociedad o, al menos, de las características y dinámicas del entorno en el que vive (Rajecki, 1982): valores, actitud y relación con el medio ambiente... Siendo así, es necesario educar no sólo al alumnado, sino también a los adultos para que tomen conciencia de la problemática ambiental y tomen decisiones críticas (Boyes & Stanisstreet, 2014), aunque sean menos propensos a cambiar actitudes que el alumnado (Öllerer, 2015).

La conciencia, la actitud y el comportamiento hacia el medio ambiente son conceptos interrelacionados como concluyen Ari & Yilmaz en 2017. Aún así, algunos profesores y profesoras (11 personas) creen que la conciencia ha aumentado en la sociedad, pero no con ella un cambio de hábitos. De hecho, a pesar de tener conocimiento del tema, la falta de actitud respetuosa con el medio ambiente puede deberse a la falta de sensibilización (Kollmuss & Agyeman, 2002; Boyes & Stanisstreet, 2014), lo que se define como reto principal. En ese sentido, existen numerosos proyectos entre los que se encuentran el Ingurugela CEIDA y las Ekoetxeak dentro de la Estrategia de Educación para la Sostenibilidad del País Vasco 2030.

Por un lado, para fomentar la sensibilización hay que entender la relación hombre-naturaleza (Winther *et al.*, 2010). Entonces, se puede empezar por conocer el entorno cercano para fomentar dicha conexión (Winther *et al.*, 2010; Ducasse, 2020) porque los valores ambientales que adquiere el alumnado están ligados a la responsabilidad medioambiental (Slavoljub *et al.*, 2015). Igualmente, la preocupación por el medio ambiente comienza cuando la relación entre uno mismo y la naturaleza es significativa, cuando se tienen experiencias con la familia, amistades u otras personas de interés (Macnaghten, 2003).

Por otro lado, el profesorado habla del consumismo como un gran problema de sensibilización; se impulsa la economía lineal a pesar de la necesidad de fomentar la economía circular (Gardetti, 2009) y se contribuye a acciones no beneficiosas para el medio ambiente (Park, 2015). Con estas acciones sólo se tiene en cuenta el beneficio personal, olvidando de dónde proviene el producto, qué materias primas o materiales se han necesitado para su fabricación... Por tanto, conocer el impacto de los propios hábitos, reflexionar sobre cómo mejorarlos y desarrollar la responsabilidad son las claves para avanzar (Ducasse, 2020), siempre y cuando exista disposición al cambio.

Cabe señalar que entre las acciones que se abordan en el aula está bastante interiorizado el reciclaje de plástico, cartón y cristal. En cambio, el reciclaje de los residuos orgánicos aún no se ha considerado una práctica habitual aún sabiendo que el reciclaje de residuos orgánicos es una necesidad, tanto para llegar al segundo ODS 2030 "hambre cero" (Organización de las Naciones Unidas, 2015) como para hacer frente a la limitación de los recursos fósiles al disponer de diversas materias primas secundarias (Pleissner, 2018).

Otro factor que también influye en la sociedad es la política. Esta preocupación deriva de las múltiples contradicciones que se producen en la sociedad, un profesor ejemplifica el impacto de los coches eléctricos, el destrozo de espacios naturales para hacer autopistas... Así, afirman que la naturaleza no es la base de las decisiones, sino el capitalismo y otros intereses políticos.

También consideran que existe una falta de información por parte de las instituciones que se ha definido como un obstáculo: la falta de información dificulta la adquisición de hábitos saludables, si no está claro para qué va a servir el esfuerzo, se pierde la motivación para cambiar de actitud. Por consiguiente, transmitir información también puede contribuir a mejorar la situación; desde los medios de comunicación los mensajes a favor del medio ambiente pueden tener un impacto positivo en la población (Macnaghten, 2003).

Lo mismo ocurre con la organización, que puede ser un poderoso agente, pero también la falta de organización puede acarrear consecuencias severas. Por tanto, es fundamental el apoyo comunitario y administrativo para impulsar acciones a favor de la educación ambiental y reforzar la sensibilización (Kollmuss & Agyeman, 2002).

Todos estos factores tienen una incidencia directa en la educación y, por tanto, en la sociedad. Ante esta situación parece que el profesorado está dispuesto a actuar, incluso cuentan haber vivido numerosos éxitos a lo largo de su experiencia. Por tanto, existen ejemplos de que los objetivos de la educación ambiental pueden alcanzarse, pero es evidente que la vía para combatir la falta de sensibilización es la educación y siguiendo el currículo se abordan diferentes ámbitos que están en las voces del profesorado, como la interdependencia entre las formas de vida y el entorno, los hábitos de consumo o la globalización (Real Decreto 217/2022, 2022; Decreto 77/2023, 2023). Es cierto que no se detallan conocimientos básicos sobre el compostaje de residuos orgánicos, pero esto no quiere decir que no se trabajen.

En cuanto a las limitaciones, el profesorado que ha participado en la investigación constituye una muestra pequeña. Las personas entrevistadas pertenecen a la CAPV lo que limita el enfoque y no se puede determinar si se trata de una visión extrapolable. Por lo tanto, si se realizan más entrevistas para profundizar en la investigación, sería recomendable entrevistar a profesores de otras procedencias. Además, la obtención de información sociopersonal del profesorado puede servir para extraer alguna relación entre los años de experiencia, la situación en la escuela pública o privada...

4. CONCLUSIONES

El consumismo se ha convertido en base social en muchas viviendas donde se han desarrollado hábitos sin tener en cuenta el impacto que produce en la naturaleza vivir en comodidad: hacer compras continuas, pensar si los productos son realmente necesarios, no ofrecer una segunda vida a los productos... Estos hábitos favorecen una economía lineal, no son hábitos sostenibles. Lo mismo ocurre con el compost de residuos orgánicos, no hay costumbre de reciclar la materia orgánica como se hace con plástico, vidrio o cartón.

Siendo así, la falta de sensibilización es el principal reto y la población debería recibir educación ambiental. Para ello, en lo que concierne a la Educación Secundaria Obligatoria y tomando como base el currículo Educativo, los conocimientos básicos deben estar dotados de ejemplos cercanos y significativos que favorezcan la motivación y la participación del alumnado. Además, se incide en la necesidad de que las metodologías sean innovadoras, pasando en la medida de lo posible de los contenidos teóricos a los prácticos, por ejemplo, a través de salidas. Las salidas son un recurso para reforzar la relación con la naturaleza y ofrece posibilidades de relación con la propia vida cotidiana. De esta manera, se puede trabajar la sensibilización, ver *in situ* el impacto puede servir para reflexionar críticamente y desarrollar competencias como la responsabilidad y los hábitos sostenibles.

REFERENCIAS BIBLIOGRÁFICAS

Ari, E., & Yilmaz, V. (2017). Effects of environmental illiteracy and environmental awareness among middle school students on environmental behavior. *Environment, Development and Sustainability, 19*(5), 1779–1793. https://doi.org/10.1007/s10668-016-9826-3

Bamberg, S., & Möser, G. (2007). Twenty years after Hines, Hungerford, and Tomera: A new meta-analysis of psycho-social determinants of pro-environmental behaviour. *Journal of Environmental Psychology, 27*(1), 14–25. https://doi.org/10.1016/j.jenvp.2006.12.002

Bester, L., Muller, G. & Meyers, N. (2017). Those who teach learn: Near-peer teaching as outdoor environmental education curriculum and pedagogy. *Journal of Outdoor and Environmental Education, 20*(1), 35-46. https://doi.org/10.1007/BF03401001

Boyes, E. & Stanisstreet, M. (2012) Environmental Education for Behaviour Change: Which actions should be targeted?, *International Journal of Science Education, 34*(10), 1591-1614. https://doi.org/10.1080/09500693.2011.584079

Ducasse, J. (2020). Augmented Reality for Outdoor Environmental Education. *In*: Geroimenko, V. (eds) *Augmented Reality in Education* (329-352). Springer. https://doi.org/10.1007/978-3-030-42156-4_17

Eisenberg, N., & Miller, P. A. (1987). The relation of empathy to prosocial and related behaviors. *Psychological Bulletin, 101*(1), 91–119. https://doi.org/10.1037/0033-2909.101.1.91

Gardetti, M. A. (2019). Introduction and the concept of circular economy. *Circular Economy in Textiles and Apparel*, 1–11. https://doi.org/10.1016/b978-0-08-102630-4.00001-7

Gobierno de España (2022). Real Decreto 217/2022, de 29 de marzo, por el que se establece la ordenación y las enseñanzas mínimas de la Educación Secundaria Obligatoria. *Boletín Oficial del Estado*, 76, de 30 de marzo de 2022.

Gobierno Vasco (2018). Estrategia de Educación para la Sostenibilidad del País Vasco 2030. Gobierno Vasco. Recuperado: https://www.euskadi.eus/contenidos/documentacion/estrategiaeducacion2030/es_def/adjuntos/EstrategiaEducacionSostenibilidad2030.pdf

Gobierno Vasco (2023). Decreto 77/2023, de 30 de mayo, de establecimiento del currículo de Educación Básica e implantación en la Comunidad Autónoma de Euskadi. *Boletín Oficial del País Vasco,* 109, de 9 de junio de 2023.

Hines, J. M., Hungerford, H. R., & Tomera, A. N. (1987). Analysis and Synthesis of Research on Responsible Environmental Behavior: A Meta-Analysis. *The Journal of Environmental Education, 18*(2), 1–8. https://doi.org/10.1080/009 58964.1987.9943482

Klein, E. S., & Merritt, E. (1994). Environmental Education as a Model for Constructivist Teaching. *The Journal of Environmental Education, 25*(3), 14–21. https://doi.org/10.1080/00958964.1994.9941953

Kollmuss, A. & Agyeman, J. (2002). Mind the gap: why do people act environmentally and what are the barriers to pro-environmental behavior? *Environmental Education Research 8*(3), 239-260. https://doi.org/10.1080/13504620220145401

Macnaghten, P. (2003). Embodying the Environment in Everyday Life Practices. *The Sociological Review, 51*(1), 63–84. https://doi.org/10.1111/1467-954x.00408

Organización de las Naciones Unidas (1972). *Informe de la Conferencia de las Naciones Unidas sobre el Medio Humano*, Estocolmo 1972. Recuperado: https://www.un.org/es/conferences/environment/stockholm1972

Organización de las Naciones Unidas (2015). *Transforming Our World: The Agenda 2030 for Sustainable Development* (A/RES/70/1). ONU. Recuperado de https://sustainabledevelopment.un.org/content/documents/21252030%20 Agenda%20for%20Sustainable%20Development%20web.pdf

Öllerer, K. (2015) Environmental education – the bumpy road from childhood foraging to literacy and active responsibility. *Journal of Integrative Environmental Sciences, 12*(3), 205-216. https://doi.org/10.1080/1943815X.2015.1081952

Park, J. T. (2015). Climate change and capitalism. *Consilience, 14*(2), 189–206. https://www.jstor.org/stable/26188749

Pleissner, D. (2018). Recycling and reuse of food waste. *Current Opinion in Green and Sustainable Chemistry, 13,* 39–43. https://doi.org/10.1016/j.cogsc.2018.03.014

Rajecki, D. W. (1982). *Attitudes: themes and advances.* Sinauer Associates, Inc.

Slavoljub, J., Zivkovic, L., Sladjana, A., Dragica, G., & Zorica, P. S. (2015). To the Environmental Responsibility among Students through Developing their

Environmental Values. *Procedia - Social and Behavioral Sciences, 171*, 317–322. https://doi.org/10.1016/j.sbspro.2015.01.128

UNESCO (1975). *The Belgrade Charter: A Framework for Environmental Education.* Recuperado de https://www.eusteps.eu/wp-content/uploads/2020/12/Belgrade-Charter.pdf

UNESCO (1978). *Informe de la Conferencia Intergubernamental sobre Educación Ambiental* [Conferencia celebrada en Tbilisi, Georgia, en 1977]. Recuperado de https://www.gob.mx/cms/uploads/attachment/file/598410/2-Conferencia_Intergubernamental_sobre_Educaci_n_Ambiental_Tibilisi__URSS_....pdf

Winther, A. A., Sadler, K. C., & Saunders, G. (2010). Approaches to Environmental Education. *The Inclusion of Environmental Education in Science Teacher Education*, 31–49. Doi: https://doi.org/10.1007/978-90-481-9222-9_3

Capítulo 10

Abordar las desigualdades educativas en la Europa rural: un aula virtual para la inclusión social

Alba García-Cid
Facultad de Ciencias de la Salud, Universidad de Deusto
garcia.alba@deusto.es

Aitana Fernández-Villardón
Facultad de Educación y Deporte, Universidad de Deusto
aitana.fernandez@deusto.es

Rocío García-Carrión
Facultad de Educación y Deporte, Universidad de Deusto
Ikerbasque. Basque Foundation for Science
rocio.garcia@deusto.es

Resumen: La educación en entornos rurales enfrenta retos, desde el aislamiento geográfico y las aulas multigrado, hasta la falta de instalaciones adecuadas, materiales limitados y bajos índices de innovación. Estas problemáticas se agudizaron durante la pandemia de COVID-19, cuando la transición al aprendizaje en línea dejó a muchos niños y niñas de comunidades rurales sin acceso educativo. Así, surge el proyecto Erasmus+ *Aula Rural Virtual*, con el objetivo de reducir las desigualdades mediante la creación de un entorno tecnológico inclusivo y la promoción de una red de escuelas e instituciones educativas interconectadas. La iniciativa se propuso explorar las posibilidades del entorno digital para potenciar el aprendizaje compartido y comunitario, generando un impacto transformador en la educación rural. Este capítulo presenta el proceso de implementación del proyecto y sus resultados más relevantes, ofreciendo un análisis crítico de los desafíos globales que enfrenta la educación rural en Europa y otras regiones del mundo, destacando cómo las herramientas digitales pueden servir como un catalizador para la innovación educativa en contextos rurales. Se enfatiza particularmente el valor del aprendizaje colaborativo y la construcción de comunidades educativas, factores clave para superar las barreras que históricamente han limitado el acceso a una educación de calidad en estos entornos.

PALABRAS CLAVE: escuelas rurales; Europa; plataforma virtual; proyecto Erasmus+; Rural virtual classroom

1. INTRODUCCIÓN

La educación de calidad en la infancia constituye un derecho fundamental reconocido en diversos marcos internacionales, como la Declaración Universal de los Derechos Humanos y la Convención sobre los Derechos del Niño. Este derecho no solo implica garantizar el acceso a la instrucción básica, sino también asegurar que la experiencia educativa sea inclusiva, equitativa y relevante para el desarrollo integral de cada niño. Una educación de calidad fomenta competencias cognitivas, sociales y emocionales esenciales para el éxito en etapas posteriores de la vida, al tiempo que reduce las desigualdades y promueve la movilidad social (UNESCO, 2015). Además, priorizar la calidad educativa contribuye significativamente al cumplimiento de los Objetivos de Desarrollo Sostenible (ODS), particularmente el Objetivo 4, que busca garantizar una educación inclusiva y equitativa de calidad y promover oportunidades de aprendizaje durante toda la vida para todas las personas (UNICEF, 2024).

A pesar de los avances normativos, diversas investigaciones han documentado las disparidades persistentes entre las áreas urbanas y rurales en términos de rendimiento académico, tasas de abandono escolar, acceso a recursos y diseño de políticas públicas. En Europa, el 28% de la población vive en áreas rurales, donde las tasas de abandono escolar temprano alcanzan el 12%, frente al 9% registrado en las zonas urbanas (Eurofound, 2022). En el caso español, estas disparidades son particularmente notorias, reflejando una brecha significativa que perpetúa la exclusión educativa y limita el desarrollo de las comunidades rurales (OECD, 2020).

Los desafíos que enfrenta la educación rural son múltiples y complejos. El aislamiento geográfico de los centros educativos, el reducido número de estudiantes y la necesidad de aulas multigrado configuran una realidad que dificulta la implementación de programas educativos homogéneos y el acceso a recursos públicos (Bernal, 2009; Boix & Busto, 2014). Estas aulas multigrado, caracterizadas por agrupar estudiantes de distintas edades en un mismo espacio, presentan barreras adicionales en términos de planificación curricular y desarrollo pedagógico. Si bien existen modelos pedagógicos que trabajan con enfoques multinivel desde una perspectiva intencionada y con resultados positivos (como el sistema Amara Berri[1]), este proyecto se enfoca en contextos rurales donde estas configuraciones suelen responder a limitaciones organizativas. Por otro lado, las limitaciones materiales y de infraestructura, como instalaciones compartidas y escasos recursos didácticos, agravan esta situación, destacando una notable falta de innovación en el diseño de materiales educativos específicos para el contexto rural (Domínguez, 2020; Morales, 2007).

En cuanto al cuerpo docente, la alta rotación y la dificultad para atraer y retener profesorado capacitado en áreas rurales representan un desafío crítico. Esto, sumado a la limitada oferta de formación continua adaptada a las necesidades del contexto rural, puede derivar en carencias curriculares significativas y en una desconexión entre el contenido educativo y las realidades locales (De la Vega Rodríguez, 2021). La brecha digital es otra dimensión relevante de estas desigualdades. Docentes y estudiantes en áreas rurales se encuentran alejados de los estándares establecidos en el Marco Europeo de Competencias Digitales para Educadores y del Plan de Acción Europeo de Educación Digital 2021-2027, lo que limita su preparación para responder a las demandas del siglo XXI en términos de competencias tecnológicas y habilidades digitales.

Estas diferencias evidencian la necesidad urgente de implementar políticas públicas que no solo aborden las desigualdades educativas

---

[1.] Albite Cuesta, Á. (2018). El sistema Amara Berri. http://hdl.handle.net/10902/14390

en términos de distribución de recursos, sino que también promuevan oportunidades equitativas para todos los estudiantes, independientemente de su ubicación geográfica. Un enfoque inclusivo y sostenible permitirá superar las barreras estructurales que afectan al sistema educativo en contextos rurales, garantizando el acceso a una educación de calidad como base para el desarrollo integral y la justicia social.

Aula Rural Virtual

El proyecto Erasmus+ Aula Rural Virtual (2021-1-ES01-KA220-SCH-000023731), implementado entre 2022 y 2024, surge como una respuesta a los desafíos persistentes en la educación rural. La iniciativa reunió a instituciones clave como Estela Cántabra, Vytauto Didziojo Universitetas, Istituto Omnicomprensivo di Bobbio, Associació d'Iniciatives Rurals de Catalunya, Roscommon LEADER Partnership y la Universidad de Deusto. Este consorcio trabajó en el desarrollo de un espacio educativo virtual colaborativo, diseñado para cubrir carencias relacionadas con la escasez de docentes, recursos didácticos y actividades educativas en entornos rurales.

La propuesta no solo abarcó la creación de un entorno tecnológico, sino también el fortalecimiento de una comunidad colaborativa denominada Ágora. Este ecosistema digital se configuró como un punto de encuentro para escuelas, docentes, entidades educativas y actores del desarrollo rural, promoviendo sinergias y el intercambio de recursos. La intención fue beneficiar tanto a las escuelas rurales como a otras organizaciones interesadas, generando un impacto positivo en la conectividad, el acceso a recursos y la calidad educativa. También, indirectamente, se contempló el beneficio para las entidades públicas y privadas involucradas en el desarrollo rural, las cuales pueden participar en *Ágora*, compartiendo así sus contenidos y soluciones educativas de manera ágil y efectiva.

Este espacio también se perfila como un entorno único para la investigación, ya que el intercambio de demanda y oferta de recursos educativos proporcionará a los investigadores indicadores cualitativos y cuantitativos sobre la situación educativa en cada región participante.

2. NUESTRA PROPUESTA

En el presente capítulo se presentan algunos resultados obtenidos por el proyecto, así como el proceso llevado a cabo. En concreto, se expone el repositorio de buenas prácticas educativas dentro de la plataforma online Ágora, así como expectativas sobre la plataforma, a través de la encuesta previa al profesorado, y las pruebas piloto llevadas a cabo.

Repositorio de buenas prácticas educativas

El objetivo principal del repositorio fue examinar las mejores prácticas educativas mediante una búsqueda sistemática de la literatura científica, proyectos de investigación, iniciativas educativas europeas y bases de datos internacionales. Este recurso pretendía proporcionar un corpus sólido que apoyara los objetivos del proyecto y sirviera como herramienta educativa para docentes y centros interesados (Rural Virtual Classroom, 2022).

Se definió el concepto de 'buena práctica' a partir de experiencias previas de intervención exitosa en la enseñanza, respaldadas por resultados positivos avalados por la literatura científica y guiadas por los siguientes criterios de selección (ver Tabla 1).

Tabla 1. *Criterios de selección de buenas prácticas*

Criterio	Definición
Resultados concluyentes e innovación	La práctica debía demostrar mejoras significativas al ser implementada, mostrando innovación frente a metodologías previas. Estas prácticas debían ser efectivas y eficientes
Evidencia de impacto social	Se requería evidencia sólida (cuantitativa y/o cualitativa) que demostrara beneficios tangibles en el ámbito educativo, como mejoras en la sociedad al ser adoptadas en políticas o acciones concretas
Dimensiones de impacto social	La práctica debía generar avances en al menos una de estas áreas: éxito académico, bienestar individual y escolar, cohesión social, motivación, igualdad de oportunidades, reducción de brechas sociales y culturales, innovación docente, o promoción de equidad e inclusión
Sostenibilidad	Las prácticas debían ser viables social, económica y ambientalmente, con capacidad de generar efectos duraderos
Replicabilidad	Las prácticas seleccionadas debían ser transferibles a otros contextos y regiones, proporcionando información suficiente para que otro equipo de investigación pudiera reproducir la intervención en un entorno distinto

La información se recopiló principalmente de artículos publicados en revistas indexadas de alto impacto en las bases de datos Scopus, Web of Science y ERIC, así como de informes de organizaciones internacionales como la Comisión Europea, UNESCO y UNICEF. Además se incluyeron resultados de otros proyectos Erasmus+ relevantes.

Como resultado, las prácticas seleccionadas se clasificaron en cinco categorías según su población objetivo: estudiantes, docentes, familias, comunidades y múltiples partes interesadas. Además, se incluyeron también prácticas destacadas en contextos digitales, enfocadas en la integración de tecnologías en entornos educativos, así como otros recursos o materiales adicionales. En definitiva, este repositorio no solo busca destacar ejemplos efectivos e innovadores en educación, sino también ofrecer herramientas que puedan ser replicadas y adaptadas en diversos contextos educativos para promover la equidad, la inclusión y el desarrollo sostenible.

Plataforma online

Como producto final del proyecto se elabora la plataforma en línea *Ágora (Rural Virtual Classroom)*. Esta plataforma (https://agora.ruralvirtualclassroom.eu/) se crea con el objetivo de iniciar sinergias entre diferentes escuelas rurales. Así, pretende, con una interfaz sencilla, servir de apoyo a las escuelas y docentes de áreas rurales en toda Europa, proporcionando acceso a un espacio de aprendizaje colaborativo. Al unir sus recursos y experiencia, el profesorado puede mejorar la calidad de la educación y atender mejor las necesidades de sus estudiantes, fortaleciendo así las comunidades rurales.

En primer lugar, una de las secciones fundamentales es la de Clases virtuales. Gracias a los vídeos tutoriales subtitulados en diferentes idiomas, se puede aprender fácilmente cómo crear un aula virtual para dar una sesión con el alumnado de manera segura, se pueden explorar todas las herramientas y funciones que ofrece. Este espacio permite impartir talleres, reuniones o cualquier tipo de actividad en tiempo real entre grupos sin limitaciones geográficas. Dispone de una amplia gama de funciones en línea: salas de descanso, cargar y compartir materiales, compartir pantallas y materiales multimedia, pizarra interactiva, encuestas en línea... Esta plataforma se caracteriza por ser un espacio seguro, ya que es una plataforma financiada por la UE con todas las garantías GDPR de la UE. Sus miembros están plenamente identificados: solo los centros escolares e instituciones oficiales pueden registrarse y permitir que sus profesionales se registren. Y, muy importante, el alumnado nunca está solo: acceden a la plataforma por invitación directa de su profesor/a para actividades específicas.

Entre los demás recursos se encuentra un Almacén digital, que sirve como biblioteca gratuita para que docentes puedan utilizar los materiales de otros centros. Este almacén incluye planes de lecciones, contenido multimedia, materiales didácticos y otros recursos relevantes. Los materiales están organizados en las siguientes carpetas: Artes, Mejores prácticas educativas, Interdisciplinariedad, Educación infantil, Lenguaje, Literatura, Matemáticas, Métodos docentes, Desarrollo escolar, Ciencias, Social, Social y emocional, Deportes, STEAM, Tecnología, Tutoriales y Otros.

La sección destinada a los Proyectos educativos tiene como objetivo que docentes de diversos centros e incluso países estén al corriente de las innovaciones y proyectos que se están desarrollando en entornos rurales y puedan además colaborar en ellos.

Además, en la sección Miembros se crea una comunidad de práctica donde se pone en relación a todo profesorado de la plataforma. Allí se encuentran sus datos de contacto para facilitar la comunicación entre sus miembros y las colaboraciones entre centros. Por último, es interesante también la sección de Grupos, donde ya se pueden consultar los diferentes grupos creados en la comunidad.

Co-creación con el profesorado: Aula Rural Virtual para todas y todos

La primera versión de la plataforma fue creada con las siguientes tres áreas de trabajo: 1) Intercambio colaborativo para construcción de proyectos educativos, 2) Impartición de clases/talleres multigrado online y 3) Desarrollo profesional y recursos para docentes rurales. Antes de lanzar la plataforma, desde el consorcio participante se creyó conveniente realizar una primera encuesta al profesorado para explorar sus percepciones y si, en definitiva, creían que podría resultarles de utilidad o, por el contrario, necesitaba de algún cambio o incorporación de recursos. La muestra participante estuvo conformada por 11 docentes de escuelas rurales, 4 procedentes de Italia, 3 de España, 3 de Irlanda y 1 de Lituania. De estos docentes, 3 eran hombres y 8 mujeres.

Se realizó una entrevista individual con preguntas organizadas en las siguientes secciones: dificultades de la escuela rural en el quehacer diario; consecuencias y realidades experimentadas durante la Covid-19; percepciones sobre la plataforma. Tras realizar un análisis cualitativo inductivo de las categorías encontradas por parte de dos investigadoras de manera ciega, se incorporaron las propuestas y mejoras a la plataforma.

Entre octubre y noviembre de 2023 se realizaron pruebas piloto en seis escuelas rurales de cuatro países (España, Irlanda, Lituania e Italia). En estas pruebas piloto participaron un total de 67 estudiantes y ocho docentes. Además, para analizar la plataforma de una manera objetiva, en todas las pruebas piloto participaron personas expertas ajenas al proyecto (n=9), cuyo cometido era observar el funcionamiento de la plataforma y realizar una evaluación final.

En la Figura 1 se presenta un resumen de las diferentes opciones evaluadas en las pruebas piloto. En todos los países se propone pilotar una clase en inglés, para comprobar si esta plataforma es útil en cuanto a enseñanza online en diferido y puede así reducir el impacto diferencial en los recursos disponibles entre ambas escuelas. Para ello, una profesora nativa de inglés, en este caso de Irlanda, imparte de manera regular su clase de inglés en su aula. De manera simultánea, y gracias a los recursos que ofrece *Ágora*, una clase en España, Lituania o Italia, recibirá la misma lección. Además, no se realizó únicamente una lección tradicional magistral, sino que estudiantes de ambas clases participaron de manera conjunta en la sesión, interaccionando entre ellos. En todos las pruebas, la clase se impartió íntegramente en inglés, y el docente actuó como facilitador en caso de presentarse dificultades con el vocabulario o la pronunciación. De este modo, se minimizó cualquier barrera lingüística que pudiera interferir en el proceso de enseñanza y aprendizaje.

Figura 1. *Diferentes opciones evaluadas en las pruebas piloto*

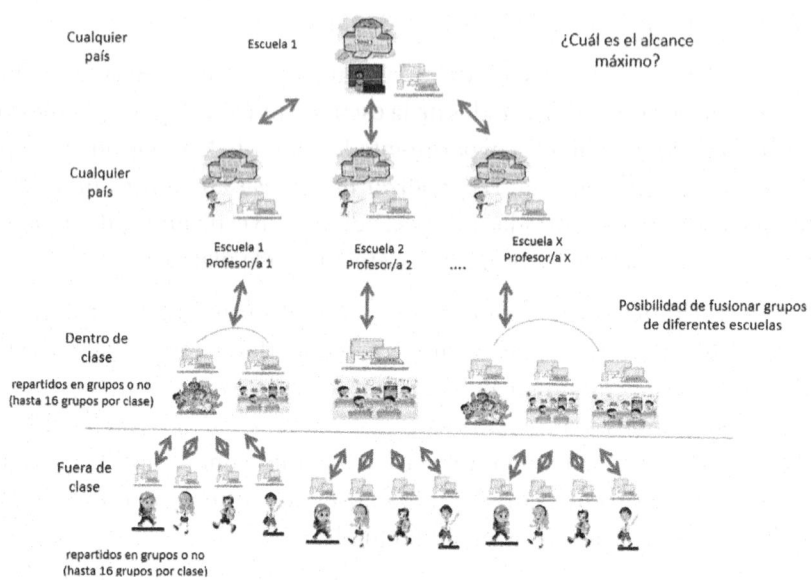

Tal como se muestra en la Tabla 2, los resultados obtenidos del cuestionario donde tanto docentes como observadores externos (n= 17) valoraron la plataforma son muy positivos. En concreto, valoran de forma muy positiva la accesibilidad, navegación y comprensión de la información en la plataforma, con un 100% de acuerdo en estos aspectos. Asimismo, las áreas de soporte (Propuestas de proyectos, Grupos y Repositorio) recibieron una valoración del 100% de acuerdo, resaltando su utilidad. En cuanto al manejo del aula virtual, se observó que el 66% de los participantes se mostró de acuerdo, mientras que el 34% expresó un grado moderado de acuerdo. Por último, en relación a la aplicación de instrumentos pedagógicos online y al uso adecuado de la plataforma por parte de los estudiantes, se obtuvo una valoración mayoritaria (67% de acuerdo, 33% parcialmente de acuerdo), lo que sugiere un reconocimiento generalizado de la eficacia de la plataforma en el entorno de educación online.

Tabla 2. *Valoración del profesorado participante y los observadores externos tras la prueba piloto*

	Parcialmente de acuerdo	De acuerdo/ Totalmente de acuerdo
La plataforma tiene fácil acceso	0%	100%
La plataforma tiene fácil navegación	0%	100%
La información de la plataforma es clara	0%	100%
Las áreas de la plataforma son útiles: Propuestas de proyectos, Grupos y Repositorio	0%	100%
El aula virtual para dar clase es fácil de usar	34%	66%
Puedo hacer uso de muchos instrumentos pedagógicos y didácticos online en el aula virtual	33%	67%
Los estudiantes pueden usar la plataforma adecuadamente	33%	67%

3. CONCLUSIONES

El proyecto Aula Rural Virtual ha demostrado ser una iniciativa transformadora en el ámbito de la educación rural en Europa, logrando abordar algunos de los retos más apremiantes. A través de la co-creación con docentes, la plataforma *Ágora* supone un recurso esencial para la interconexión de escuelas rurales, ofreciendo soluciones adaptadas y basadas en la evidencia científica. Su diseño inclusivo y colaborativo permite trascender las barreras geográficas, fomentando el intercambio cultural y la creación de redes educativas.

Una de las principales aportaciones ha sido la integración de prácticas innovadoras y adaptadas a las necesidades específicas de las aulas multigrado, tradicionalmente marginadas en el diseño de políticas educativas. La plataforma no solo proporciona acceso a recursos pedagógicos y tecnológicos de calidad, sino que también promueve la cohesión social mediante actividades conjuntas que conectan a estudiantes y docentes de diferentes regiones europeas.

A pesar de los avances, el proyecto ha puesto de relieve las limitaciones tecnológicas persistentes en las escuelas rurales, especialmente en términos de acceso a infraestructuras adecuadas y conectividad. Esta limitación, a su vez, puede ser una barrera al poner en funcionamiento la plataforma, siendo indispensable el acceso a internet. En términos de impacto, las actividades piloto y los eventos de difusión organizados en cuatro países europeos han evidenciado la aceptación generalizada de la plataforma. Con una mayoría de los participantes y evaluadores calificándola como útil y recomendable, *Ágora* ha demostrado ser una herramienta eficaz para fortalecer la calidad educativa y fomentar la inclusión digital en contextos rurales. Sin embargo, es necesario mencionar que el tamaño muestral en la fase de evaluación de esta implementación era reducido, pudiendo ser una limitación en términos de asegurar la eficacia de la plataforma. Por ello, animamos a que los docentes interesados en esta nueva forma de pedagogía y conexión interescolar puedan comunicar sus impresiones y feedback tras su uso.

En conclusión, el proyecto Aula Rural Virtual ofrece un camino hacia una educación más equitativa, inclusiva y conectada, siendo una estrategia adecuada para abordar los desafíos educativos actuales.

REFERENCIAS BIBLIOGRÁFICAS

Bernal (2011). Luces y sombras en la escuela rural. In *Encrucijadas y respuestas. Jornadas sobre Educación en el Medio Rural*, 2009 (p. 13). Departamento de Ciencias de la Educación. ISBN 978-84-694-0632-8.

Boix Tomàs, R., & Bustos Jiménez, A. (2016). La enseñanza en las aulas multigrado: una aproximación a las actividades escolares y los recursos didácticos desde la perspectiva del profesorado. *Revista Iberoamericana De Evaluación Educativa*, 7(3). https://doi.org/10.15366/riee2014.7.3.002

De la Vega Rodríguez, L. F. (2021). Investigación sobre enseñanza y desarrollo profesional docente en escuelas rurales: una revisión. *Revista de estudios y experiencias en educación*, 20(43), 307-325. http://dx.doi.org/10.21703/rexe.20212043delavega16

Domínguez, J. L. (2020). El desigual acceso de la juventud rural a los servicios públicos: la necesidad de impulsar la educación en la España vaciada. *Cuadernos de investigación en juventud*, (8), 60-78. doi: 10.22400/cij.8.e047

Eurofound (2022). *Reducir la brecha entre las zonas rurales y urbanas: abordar las desigualdades y empoderar a las comunidades*. Recuperado de: https://www.eurofound.europa.eu/es/publications/2023/reducir-la-brecha-entre-las-zonas-rurales-y-urbanas-abordar-las-desigualdades-y

Morales, N. (2007). Escuela, medio rural e igualdad de oportunidades: ¿un trío imposible? *Documentación social*, (146), 135-154. http://hdl.handle.net/10366/124124

OECD. (2020). *Education policy outlook: Spain*. OECD Publishing. https://www.oecd.org/education/education-policy-outlook-spain-2020-9789264309957-en.htm

Rural Virtual Classroom (2022, 30 de septiembre). *WP2 Final Report*. https://ruralvirtualclassroom.eu/2022/09/30/wp2-final-report/

UNESCO (2021). *UNESCO education strategy 2014-2021*. Recuperado de: https://unesdoc.unesco.org/ark:/48223/pf0000231288_spa

UNICEF (2024). UNICEF and the Sustainable Development Goals. *UNICEF Publications*. Recuperado de: https://www.unicef.org/sustainable-development-goals